Rudolf.* Presber

Arthur Schopenhauer als Aesthetiker

Verglichen mit Kant und Schiller

Rudolf.* Presber

Arthur Schopenhauer als Aesthetiker
Verglichen mit Kant und Schiller

ISBN/EAN: 9783743665422

Hergestellt in Europa, USA, Kanada, Australien, Japan

Cover: Foto ©Thomas Meinert / pixelio.de

Weitere Bücher finden Sie auf **www.hansebooks.com**

Arthur Schopenhauer
als Aesthetiker
verglichen mit Kant und Schiller.

Inaugural-Dissertation

zur

Erlangung der Doktorwürde

der

philosophischen Fakultät der Ruprecht-Karls-Universität zu Heidelberg

vorgelegt von

Rudolf Presber.

Heidelberg.
Universitätsbuchdruckerei von J. Hörning.
1892.

Inhalt.

I. Einleitung.
  1. Blick auf den Entwicklungsgang der Schopenhauerschen Philosophie . . . . 1—8
  2. Die kantische Aesthetik   8—11
  3. Schillers Kunstlehre   11—23

II. Darstellung und kritische Beleuchtung der Schopenhauerschen Aesthetik mit Rücksicht auf Kant und Schiller.
  1. Schopenhauers historische Betrachtungsweise   24—26
  2. Seine Lehre vom Genie . . . 26—40
  3. Das „ästhetische Wohlgefallen"   40—51
  4. Die Lehre von den Künsten .   52—99
    A. Baukunst . . . . 52—55
    B. Wasserkunst und Gartenkunst   55—57
    C. Sculptur und Malerei . 57—74
    D. Poesie   74—95
    E. Musik . 95—99

I. Einleitung.

1. Blick auf den Entwicklungsgang der Schopenhauerschen Philosophie.

Arthur Schopenhauers Lehre, aus dem transscendentalen Idealismus Kants hervorgegangen, zerfällt in die beiden Teile: „Die Welt als Wille und Vorstellung". In der Art der Darstellung dieser Lehre geht Schopenhauer bis zu unserem Thema, der Aesthetik, folgenden Gang.

„Die Welt ist meine Vorstellung" beginnt das erste Buch des Hauptwerkes, indem es im ersten Satze sein Thema schon ausspricht: „Die Welt als Vorstellung, unterworfen dem Satze vom Grunde".

Zum Ausgangspunkte seiner Betrachtung macht der Philosoph die Vorstellung. Alles, was zur Erscheinungswelt gehört, ist unlösbar verbunden mit dem anschauenden Subjekt: die Welt ist Vorstellung, und diese Vorstellung erste Bewusstseinsthatsache. Die Welt als Vorstellung ist keine Lüge, kein Schein. Sie will nichts anderes sein, als was sie ist: Vorstellung, d. h. eine ununterbrochene Reihe von Vorstellungen, die als unzerreissbares Band der Satz vom Grunde zusammenhält. Die Welt ist meine Vorstellung; aber wie wird sie es? Bei Kant kommt der Stoff aus der sinnlichen Anschauung und wird durch die Formen von Raum, Zeit und den zwölf Kategorien in unserer Seele verarbeitet zur Vorstellungswelt.

Schopenhauer streicht von der kantischen Tafel elf Kategorien und macht den Versuch, die Welt als Vorstellung allein durch Kausalität, unter deren Begriff er auch Raum und Zeit bringt, zu erklären und weist nach, dass, wenn wir uns selbst frei machen könnten von den Vorstellungen von Raum, Zeit und Kausalität, alles Werden aufhören und das unveränderliche Sein sich zeigen müsste. Da das Kausalitätsgesetz nur im Verstande, Kausalität aber mit der Materie identisch ist, so ist der Verstand das subjektive Korrelat der Materie. Seine erste einfachste Aeusserung ist die Anschauung der wirklichen Welt.

Der Verstand verwandelt durch seine einzige Funktion die Empfindung in Anschauung. Diese Anschauung ist also nicht nur sensual, sondern intellektual, ist reine Verstandeserkenntnis der Ursache aus der Wirkung. Auch die Tiere haben Verstand; das beweisen ihre Bewegungen, die durch Motive, d. h. durch erkannte Objekte bestimmt werden, sie haben auch Sinnlichkeit und offenbar auch Phantasie, die aus ihren Träumen erkennbar ist. Neben dem Verstand aber ist beim Menschen die Vernunft thätig, die dem Tiere fehlt. Hatte der Verstand zur einzigen Funktion die unmittelbare Erkenntnis des Kausalitätsprinzips der wirklichen Welt, so hat die Vernunft auch eine Funktion, die in der Bildung des Begriffs oder der „Vorstellung von Vorstellungen", Abstraktionen aus der Anschauung, besteht. Nur denken lässt sich der Begriff, nicht anschauen; erkennbar tritt er uns nur in dreifacher Wirkung entgegen: in der Sprache, im planmässigem Handeln und in der Wissenschaft. Die Sprache als Möglichkeit der Mitteilung, die das Tier, da es ihm nicht an den nötigen Werkzeugen, aber an der die Begriffe bildenden Vernunft fehlt, nur unvollkommen durch Geberde und Laut erreicht, muss die Vernunft im Menschen fordern und leisten. Nicht sein Erkennen vermag die Vernunft zu erweitern: sie kann das Erkannte nur so umformen, dass das nur intuitiv und in concreto Erkannte nun in abstracto erkennbar wird durch die Begriffe. Sind diese Begriffe der Vernunft fixiert, so ist das Wissen, oder das „abstrakte Bewusstsein" erreicht.

Dadurch, dass er Anschauung und Begriff, Verstand und Vernunft in seinem Dienste hat, überragt der Mensch seine Mitwelt wohl an Macht, aber auch an Leiden; denn während das Tier ohne abstrakte Begriffe, Sklave des anschaulichen Motivs nur in der Gegenwart lebt, blickt er zurück auf die

Vergangenheit mit ihren Verlusten und Entsagungen und auf die Zukunft mit ihren Sorgen und Bedrängnissen. Der Augenblick entscheidet bei dem Tier; der Mensch handelt nach Maximen; er lässt die Motive ihre widerstreitenden Kräfte messen, indem er wählt und nach den Erfahrungen der Vergangenheit sucht er reflektierend die Zukunft zu gestalten.

Der Mensch allein führt neben seinem Leben tierischer Natur noch eines in abstracto. Hier erheben sich dann die abstrakten Begriffe zu Motiven, die „in einer blossen Vorstellung bestehen";[1]) in diesem Sinne redet Schopenhauer von einer praktischen Vernunft, im Gegensatz zu der praktischen Vernunft Kants, der sie „als unmittelbare Quelle aller Tugend und als den Sitz eines absoluten, d. h. vom Himmel gefallenen Soll darstellt".[2]) Das Ideal seiner praktischen Vernunft sieht Schopenhauer in der stoischen Weisheit, der die ἀταραξία als höchstes Lebensgut galt und deren Tugendlehre allerdings (besonders in der römisch-stoischen Form) Elemente in sich enthält, welche der Schopenhauerschen Lehre von der Willensverneinung nahe kommen und sich ähnlich bei dem christlichen Mystiker und dem indischen Weisen, den beiden Vertretern einer Weltanschauung, die unser Philosoph hoch verehrte, wiederfinden.

Dass wir Vorstellungen haben, wissen wir; welche sie sind, und wie sie durch den Satz vom Grunde zusammenhängen, erfahren wir. Aber nun drängt sich uns die Frage auf: Und was sind diese Anschauungen? Ist diese Welt nichts weiter als Vorstellung? Die Welt ist bis hierher nur von aussen erforscht und der Forschende gleicht, wie Schopenhauer in einem guten Bilde bemerkt: „Einem, der um ein Schloss herumgeht, vergebens den Eingang suchend und einstweilen die Façaden skizzierend." Wäre nun der Forscher selbst nichts als erkennendes Subjekt, so wäre für ihn schon hier das Ende der Erkenntnis; aber in ihm lebt der Wille, der sich in jeder seiner Bewegungen objektiviert. Jede Bewegung ist ein Willensakt, und aus den ein-

---

[1] A. Schopenhauers sämtl. Werke. Herausg. von Julius Frauenstädt. Leipzig 1873—1874. Bd. I, S. 145. Vgl. Bd. II, S. 101.

[2] Werke Bd. II, S. 100. Vgl. Bd. II, S. 320, wo er sagt: „denn so redet man zu Kindern und zu Völkern in ihrer Kindheit, nicht aber zu denen, welche die ganze Bildung einer mündig gewordenen Zeit sich angeeignet haben".

zelnen Akten, wie aus dem Ganzen kann ich meinen Willen erkennen. In uns selbst also lässt uns der Philosoph hier den einzigen Schlüssel zum wahren Sein — das ist der Wille — finden und dieser selbe Schlüssel soll uns das Rätsel alles Seins der Erscheinungswelt erschliessen. Die Identität des Leibes und Willens besteht; sie ist aber unbeweisbar.

„Mein Leib ist die Objektität meines Willens", das ist nach Schopenhauer „die philosophische Wahrheit κατ' ἐξοχήν". Demnach sind wir uns unseres Leibes doppelt bewusst: 1. als Vorstellung und 2. als Wille.

Wenn nun der Wille das einzig Reale ist, so lässt sich die Frage nach der Realität der Aussenwelt jetzt so aussprechen: Sind die mir als Vorstellungen bekannten Objekte auch Objektivationen des Willens oder nicht? Und diese Frage ist unmöglich zu verneinen, wenn schon die Verneinung nicht zu widerlegen wäre.

So geben wir denn, die Frage bejahend, jedem Objekte, ausser uns, die Realität, die wir selbst als Objektivation des Willens haben und kommen zur Erkenntnis, dass uns nicht das Wesen der Erscheinung, sondern allein ihr Grad von anderen Objekten unterscheidet.

Dem Willen und seinen Begehrungen muss die Objektität durch ihre Teile entsprechen, in deren Gebrauch das Individuum frei zu sein glaubt und vergisst, dass es selbst schon blosse Willenserscheinung ist. Ueberall leitet der Wille, auch da, wo keine Erkenntnis ihn erleuchtet. Er liegt ausserhalb des Satzes vom Grunde und die Frage: „Jeder Wille ist Wille zu etwas, hat ein Objekt, ein Ziel seines Wollens: was will denn zuletzt oder wonach strebt jener Wille, der uns als das Wesen an sich der Welt dargestellt wird?"[1]) kann nicht in Betracht kommen. Der Wille will nichts, als sich selbst, die Erscheinungswelt ist zwecklos und wäre in der That „eine Komödie für einen Gott".[2]) Wohl handelt das erkennende Individuum in jedem Zeitpunkt nach einem ganz bestimmten Motiv, aber alles, was in den Willenserscheinungen oder durch sie geleistet wird, ist durch den Willen geleistet, ob nun in dem

---
1) Werke Bd. II, S. 194.
2) Werke Bd. VI, S. 475.

von der Erkenntnis erleuchteten Willen das Motiv, oder in dem blind wirkenden der Reiz den Eintrittspunkt der Willensäusserung in Zeit und Raum bestimmen.

Schopenhauer sagt ausdrücklich: „Ich betrachte das innere Wesen, welches aller realen Notwendigkeit, das ist Wirkung und Ursache, als ihre Voraussetzung, erst Bedeutung und Gültigkeit erteilt, beim Menschen Charakter, beim Stein Qualität heisst, in beiden aber das Selbe ist, da, wo es unmittelbar erkannt wird, Wille genannt, und welches im Stein den schwächsten, im Menschen den stärksten Grad der Sichtbarkeit, Objektität, hat".[1]) Der Wille ist nicht gebunden an das Bewusstsein; er ist frei davon: er lebt auch in der unorganischen Welt und schlummert in der trägen Schwere des Steins, wie er die Pflanzenkeime zur Entfaltung treibt; er legt Nahrungs- und Geschlechtstrieb in das Tier, damit sich die Gattung erhalte; denn sie ist ihm das Wesentliche; sie soll dauern, während das Individuum zu Grunde gehen kann. Das alles thut der Wille, aber immer ohne Zweck, denn Schopenhauer betont es, dass „Abwesenheit alles Zieles, aller Grenzen, zum Wesen des Willens an sich, der ein endloses Streben ist",[2]) gehört.

Das Wesen jedes Individuums liegt zunächst nur in seiner Gattung; sie hat das erste Recht auf uns alle und die Vernichtung der Einzelwesen, wenn sie ihre Zwecke erfüllt haben, ist notwendig für die Erhaltung der Gattung. Das Individuum glaubt für sich allein zu sorgen und sorgt doch nur für die Gattung, denn ihre Zwecke erscheinen ihm als seine wichtigsten. Darum ist der Geschlechtstrieb, der auf die Erhaltung der Gattung abzielt, der Brennpunkt des Lebens.

Der Intellekt sondert sich in stufenweiser Entwicklung vom Tier bis zum Genie fortschreitend vom Willen ab, ist aber erst im Menschen deutlich getrennt vom Willen, dadurch wähnt er sich — während der allmächtige Wille, der an sich erkenntnislos ist, in der Specis wurzelt — von der Gattung unterschieden und fürchtet seine Vernichtung, den Tod, da er sein eigenes

---

1) Werke Bd. II, S. 150.
2) Werke Bd. II, S. 195.

Wesen blos in der individuellen Erscheinung zu sehen gewohnt ist. Eigentlicher Ausgangspunkt der Todesfurcht ist nicht die Erkenntnis, sondern nur der blinde Wille ist es, der die Zerstörung nicht seines Wesens, wohl aber seiner Erscheinung, des Organismus, fürchtet, eine Zerstörung, die unser Intellekt unfähig ist zu fassen, da das reale Objekt, welches er anschaut, untergeht. Der Wille überlebt seine Erscheinung; diese kann nicht ewig bestehen, denn der Wille muss Erinnerung und Individualität von Zeit zu Zeit abwerfen, um in neuen Wesen gestärkt wieder aufzutreten; denn es ist, wie Schopenhauer schön bemerkt[1]) der Tod für die Gattung, was der Schlaf für das Individuum ist. Hier berührt Schopenhauer die Frage der Metempsychose, die er auch an anderen Stellen erörtert, ohne dass ihm dabei ein Vorwurf erspart werden kann, den er seinen grossen Vorgängern im Altertum, Pythagoras und Plato macht, wenn er von ihnen sagt[2]): „Jenes non plus ultra mythischer Darstellung haben daher schon Pythagoras und Plato mit Bewunderung aufgefasst, von Indien oder Aegypten herübergenommen, verehrt, angewandt und, wir wissen nicht wie weit, selbst geglaubt". Dass „wie weit" er es selbst geglaubt hat, ist aus seiner Lehre auch nicht zu ersehen; an der einen Stelle will er den Glauben an die Metempsychose in kantischem Verstande als „Postulat der praktischen Vernunft aufgefasst wissen, an anderen Stellen spricht er von ihr, wie von einem schönen poetischen Mythus.

Die Welt als Vorstellung zeigt dem Willen sein Bild im Spiegel, seine Objektität; in ihr sieht er sich selbst in seinen wachsenden Graden, deren höchster erreicht ist im Menschen. Alle diese von Grad zu Grad fortschreitenden Stufen der Objektivation des Willens haben ihre unvergänglichen Gestalten in den Ideen, die Schopenhauer ganz im platonischen Sinne als das Wesentliche in den einzelnen Dingen fasst, als die „beharrenden, unwandelbaren, von der zeitlichen Existenz der Einzelwesen unabhängige Gestalten."[3])

---
1) Werke Bd. IV, S. 544.
2) Werke Bd. II, S. 421.
3) Werke Bd. III, S. 416.

Die Idee ist nicht identisch mit dem Ding an sich, sondern seine adäquate Objektität; sie hat sich nicht in die Formen der Erscheinung, die vom Satze des Grundes beherrscht wird, eingefügt, nur die eine hat sie geduldet, das ist die Form der Vorstellung überhaupt, des „Objektseins für ein Subjekt". So steht die Idee zwischen dem Ding und dem Ding an sich, ist als adäquate Objektität des Willens dieser Wille selbst, nur unter der Form der Vorstellung, und die Individuen haben von den Ideen keine reine Erkenntnis, da die einzelnen Dinge, die sie allein wahrnehmen, schon durch die Erkenntnisform des Individuums getrübte Ideen sind.

Von Plato also, den er mit Kant zusammen als grössten Philosophen des Occidents[1]) nennt, hat Schopenhauer den Grundgedanken dieser Lehre herübergenommen; bereits Plato, für den nach der Ansicht unseres Philosophen schon die Autorität vieler Jahrhunderte spricht, wollte das Einzelne nur im Ganzen erkannt wissen, und ganz im Sinne Platos redet Schopenhauer, wenn er die Ideen die ewigen Formen oder Musterbilder der Einzeldinge nennt. Für die Idee ist die Anzahl dieser einzelnen Dinge gleichgültig, denn sie sind ja nur in einzelnen Individuen auftretende Vervielfältigungen, Zersplitterungen der ewigen Idee, entstanden aus der ersten Form der Vorstellung in Raum, Zeit und Kausalität und eben deshalb nur als Zersplitterungen geschaut, weil wir selbst Individuen sind, denen erst die Affektionen des Leibes die Anschauung vermitteln. Soll also unsere Erkenntnis sich frei machen von dem Satze vom Grunde, der uns die Idee nur in verfälschten Bildern erkennen lässt, so muss in uns eine gewaltige Umwälzung vorgehen; denn das Subjekt, das die einzelnen Individuen erkannte, war selbst Individuum; das Subjekt aber, das die ewigen Ideen erkennen will, darf nicht mehr selbst Individuum sein; daraus erwächst dem sonst vom Willen despotisch beherrschten Intellekt die Aufgabe, seinen Despoten zu unterwerfen und sich über die Relationen desselben zu erheben; thut er das, so hat er das Reich der einzelnen Dinge verlassen und geniesst, keinem Willen mehr unterthan, als willenloses reines Subjekt die An-

---

1) Werke Bd. II, S. 201.

schauung des Wesentlichen, der Idee. Im Kampfe, den der Intellekt — obgleich er Accidenz ist — gegen den Willen siegreich ausficht, wird das Schweigen des Willens erzwungen, und so erlangt die Vorstellung die erstrebte Unabhängigkeit vom Satze vom Grunde; hiermit beschäftigt sich das dritte Buch des Schopenhauerschen Hauptwerkes: „Der Welt als Vorstellung, zweite Betrachtung, die Vorstellung, unabhängig vom Satze des Grundes: die platonische Idee: das Objekt der Kunst" ist sein Titel, die Aesthetik sein Inhalt. Die „Aesthetik" versteht er in dem Sinne Kants und Schillers; nicht Künstler hervorbringen, nur die Kunst beurteilen und die ihr Verständnis Entgegenbringenden bilden soll die Kunstlehre und vor Verirrung schützen. Obgleich die „Welt als Vorstellung" von Kant kam, die Erklärung des Dinges an sich als Wille Schopenhauers Eigentum, die Lehre von den zwischen beiden als adäquate Willensobjektitäten stehenden Ideen ein durch eigenes Denken erworbenes Erbteil von Plato her war, macht doch die aus dieser dreifach zusammengesetzten, aber einheitlich durchdachten Lehre hervorgehende Aesthetik ganz den Eindruck des in diesen Zusammenhang Passenden. Er selbst bezeichnet sie mit Recht[1]) als einen Folgesatz aus dem zweiten Buch. Im dritten Buch des zweiten Bandes seines Hauptwerkes (des dritten der Gesamt-Ausgabe) bringt er die Ergänzungen und erleuchtet daran anknüpfende Fragen ausführlich oder beiläufig in einzelnen Kapiteln der „Parerga und Paralipomena", die jedesmal bei den folgenden Betrachtungen mit hinzugezogen werden müssen, ebenso wie einzelne Aphorismen seines handschriftlichen Nachlasses, welchen Julius Frauenstädt im Jahre 1864 bei Brockhaus in Leipzig hat erscheinen lassen.

2. Die kantische Aesthetik.

Trotz ihrer Ableitung von der platonischen Ideenlehre hat die Aesthetik Arthur Schopenhauers nicht nur Grundprinzipien von der kantischen entlehnt, sondern hängt zugleich nicht selten gerade in solchen Teilen, in denen ihr Autor originell zu

---
1) Werke Bd. II, S. 22.

sein sich rühmte, eng mit den Ausführungen Kants zusammen. Daher müssen wir zunächst einen kurzen Blick auf die kantische Aesthetik werfen. Zwischen den aphoristischen Ausführungen über das Thema des Schönen und Erhabenen vom Jahre 1764 und seiner kritisch begründeten Aesthetik, in der er sie ganz unerwähnt und unbeachtet lässt, liegen 26 Jahre, in denen Kant die ganze philosophische Weltanschauung reformierte. In seinen Anfängen dogmatischer Metaphysiker, in der Zeit seiner „Beobachtungen über das Gefühl des Schönen und Erhabenen" beeinflusst von Locke und Rousseau, zwei Jahre später zu Humeschem Scepticismus gelangt, hatte er eigentlich den Weg der neueren Philosophie durchdacht und durchlebt, als er nun die Wissenschaft in seiner Lehre auf einen neuen Standpunkt stellte, den kritischen. Von diesem Standpunkt aus hat er die beiden grossen Gebiete der Naturphilosophie und Moralphilosophie betrachtet und, die Gebäude des Dogmatismus einreissend, neue Fundamente gelegt. Seine Naturphilosophie betrachtet kritisch die Sinnenwelt und sieht sie beherrscht von mechanischer Kausalität; seine Moralphilosophie betrachtet die sittliche Welt und sieht sie beherrscht von moralischer Kausalität. Hier Zweckthätigkeit und moralische Kausalität, dort Natur ohne Zwecke. Das Prinzip der Teleologie wird ausgeführt in der sofort nach Vollendung der Kritik der praktischen Vernunft geplanten,[1]) aber erst im Jahr 1790 erschienenen „Kritik der Urteilskraft". Zunächst als das Werk noch „Grundlage der Kritik des Geschmacks" hiess,[2]) war es als ein Buch von weit geringerem Umfange geplant; doch war er schon zur Zeit dieser Benennung von auch hier zu findenden Prinzipien a priori überzeugt, deren Möglichkeit für die Aesthetik er noch Ende 1786 bestritten hatte. Dann, als er mit der Ausarbeitung weiter vorgeschritten war, und die nahe Vollendung hoffte, nannte er dasselbe „Kritik des Geschmacks" und schliesslich, als die Prinzipien a priori, die er für das Gefühl von Lust und Unlust, den Geschmack, gefunden hatte, (wie früher für den

---

1) Siehe hierüber Kuno Fischer, „Geschichte d. neueren Philosophie". Neue Gesamtausgabe. Heidelberg 1889, Bd. IV, Theil II, S. 411 ff.
2) Vgl. ebenda S. 409 ff.

Verstand in der „Kritik der reinen Vernunft" und für die Vernunft in der „Kritik der praktischen Vernunft") sich als ein Teil der teleologischen Prinzipien herausstellten, ward die eigentliche „Kritik des Geschmacks" ein Teil der Teleologie, die das Prinzip der reflektierenden Urteilskraft ausmacht; nach Analogie der beiden vorangegangenen kritischen Hauptwerke nannte er nun dieses dritte, das ihre Verbindung und Vollendung enthielt: „Kritik der Urteilskraft". Thema dieses dritten grundlegenden Werkes des kantischen Kriticismus, welches zu Berlin und Littau bei Lagarde und Friedrich in erster Ausgabe erschien, ist Schönheit und organisches Leben; und zwar behandelt er die Schönheit im ersten und weitaus grösseren Teil des Buches. Die teleologische Urteilskraft, die zwischen Verstand und Vernunft ihren Platz hat, besteht in dem Vermögen, ein natürliches Ding mit einem Zweck zu vergleichen. Die Naturprodukte selbst lassen sich den Begriff der Zweckmässigkeit nicht unterschieben; hier muss, gedacht nach Analogie der praktischen Zweckmässigkeit in Kunst und Sitte, der Begriff der Zweckmässigkeit ein Mittel werden zur reflektierenden Verknüpfung der empirisch gegebenen Erscheinungen, selbst aber frei bleibend von allem Empirischen, ein transscendentales Prinzip. Diese neue Betrachtungsart war auf dem Gebiet der Aesthetik eine vollständige Umwälzung der bestehenden und bisher unangefochtenen empiristischen Ansichten, welche Kant noch vor kurzer Zeit selbst geteilt hatte. Jetzt hatte er entdeckt, dass die subjektive, formale, ästhetische Urteilskraft, deren Thema die Schönheit ist, klar und deutlich zeigt, dass das Schöne und Erhabene nicht, wie der bisherige Dogmatismus wollte, in den Eigenschaften der Objekte, sondern in der Vorstellungsart des betrachtenden Subjekts liegt, als ein Vermögen ästhetische Gefühle anzuwenden und, dass jedes ästhetische Urteil subjektiv, synthetisch und a priori ist. Wie nun die Schopenhauersche Lehre von der Welt als Wille und Vorstellung nur möglich war als eine Fortbildung des kantischen transscendentalen Idealismus, so ist auch die Schopenhauersche Aesthetik eine Fortbildung der kantischen, da sie die grosse Entdeckung Kants zur Voraussetzung hat, dass „schön" und „erhaben" keine Eigenschaften des Dinges sind, sondern Prädikate, die wir erst als Ausdruck unseres Wohlgefallens den Dingen beilegen. Diesen Grundgedanken, auf dem auch Schopenhauer weiterbaut, bezeichnet Kant treffend in diesen Worten: „Alle Beziehung der Vorstellungen, selbst die der Empfindungen [aber] kann objektiv sein (und da bedeutet sie das Reale einer empirischen Vorstellung), nur nicht die auf das Gefühl der Lust und Unlust, wodurch gar nichts im Objekte bezeichnet wird, sondern in der das Subjekt, wie es durch die Vorstellung afficiert wird, sich selbst fühlt".[1])

3. Schillers Kunstlehre.

Mit dieser Lehre Kants steht in engster Verbindung das, was Schiller in seinen philosophischen Schriften über den Begriff der Kunst erörtert und erläutert hat. Seinem Freunde Körner, einem der wärmsten Bewunderer des grossen Königsberger Philosophen, schrieb Schiller schon am 29. August 1787: „dass ich Kant noch lesen, vielleicht studieren werde, scheint mir ziemlich ausgemacht". Vier Jahre hat es freilich noch gedauert, bis er diesen Plan zur Ausführung brachte; durch seine dichterischen Arbeiten und im Sommer 1790 durch ein Publikum aus dem ästhetischen Gebiet (über die Tragödie) völlig in Anspruch genommen, konnte er erst am fünften März 1791 den Freund mit den Worten überraschen: „Du errätst wohl nicht, was ich jetzt lese und studiere? Nichts schlechteres als Kant. Seine Kritik der Urteilskraft, die ich mir selbst angeschafft habe, reisst mich hin, durch ihren lichtvollen geistreichen Inhalt und hat mir das grösste Verlangen beigebracht, mich nach und nach in seine Philosophie hineinzuarbeiten." Also gerade das kantische Werk, an das später Schillers ästhetische Betrachtungen anknüpfen, hat ihn für das Studium des Philosophen gewonnen, dem er sich nun in den Jahren 1791—95 immer eifriger widmet. „Ich treibe jetzt mit grossem Eifer kantische Philosophie" schreibt er am ersten Januar 1792 an Körner; am 15. Oktober desselben Jahres: „Jetzt stecke ich bis an die Ohren in Kants Urteilskraft:"

---

1) Kants sämtliche Werke, herausgegeben von Rosenkranz und Schubert, Bd. IV, S. 46.

am vierten Juli 1794: „Ich habe jetzt auch eine Zeit lang alle Arbeiten liegen lassen, um den Kant zu studieren;" und am 20. Juli desselben Jahres: „Das Studium Kants ist noch immer das Einzige, was ich anhaltend treibe, und ich merke doch endlich, dass es heller in mir wird."
    Aus diesen Briefen ist deutlich zu ersehen, ein wie eingehendes Studium Schiller der „Kritik der Urteilskraft" widmete. Dass er sich aber — wohl zur selben Zeit — auch mit der kleinen kantischen Schrift aus der vorkritischen Zeit: „Beobachtungen über das Gefühl des Schönen und Erhabenen" bekannt gemacht hat, ist aus der Antwort vom 19. Februar 1795 auf Goethe's Anfrage (18. Febr. 1795), ob er dieselbe kenne, ersichtlich; er schreibt daselbst: „Was Sie von der kleinen Schrift Kants schreiben, erinnere ich mich, bei Lesung derselben auch empfunden zu haben. Die Ausführung ist bloss anthropologisch und über die letzten Gründe des Schönen lernt man darin nichts. Aber als Physik und Naturgeschichte des Erhabenen und Schönen enthält es manchen fruchtbaren Stoff." Die philosophischen Schriften Schillers aus diesen Jahren stehen ganz unter dem Einflusse Kants; auch die „Briefe über die ästhetische Erziehung des Menschen" gehen von Kant aus, aber sie kehren nicht zu ihm zurück; ihr Anfang ist abhängig, ihr Schluss selbständig. Die philosophischen Briefe zwischen Julius und Raphael, sowie der poetische Ausdruck, der in ihnen dargelegten Welt- und Kunstanschauung: „Die Künstler" sind vor der Zeit entstanden, in der Kants streng abstraktes Denken den Enthusiasmus für Menschenliebe und Seelenharmonie ganz geklärt hatte. Aber was Schiller hier ausführt, berührt dennoch in einem Punkte Kant, den er nicht kannte und wird in einem Punkte berührt von Schopenhauer, der ihn (natürlich nur in den „Briefen") nicht kannte. Wenn Schiller eine Tugend verlangt, die edel und rein, frei ist von jedem Egoismus, so ist das dieselbe, nur anders begründete Tugend, die Kant zum Gesetz macht. Und wenn Schiller in wunderbaren, nur ihm in solcher Gewalt verliehenen Worten die Schönheit schildert, als das uns vom Himmel geschenkte Abbild der Wahrheit, so ist das dieselbe Lehre von der Schönheit, die Arthur Schopenhauer wissenschaftlich begründen wollte. Denn der Aus-

druck der Ideen, der Gattungen, des Unvergänglichen oder Wahren ist eben das, „was wir als Schönheit hier empfinden." Diese philosophischen Arbeiten seiner „vorkritischen" Zeit — wenn ich mit Rücksicht auf das Studium Kants so sagen darf — kommen aber zu einem Resultat, das ihn der kantischen Philosophie näher bringen und sich unter ihrem Einfluss weiter verfolgen lassen musste. Der Dichter hatte die höchste Bestimmung des Menschen gesucht und gefunden in der Erkenntnis des grossen göttlichen Kunstwerkes, der Welt, die er sich nach Leibnizischen Vorstellungen erklärt. Zur Erfüllung dieser hohen Bestimmung verlangt er die Erhebung des menschlichen Geistes über die sinnlichen Genüsse: die Sittlichkeit und neben ihr und zugleich ihr dienend als Werkzeug: die Kunst. Er gibt also der Kunst hier die Aufgabe, der Sittlichkeit zum Siege über die Sinnlichkeit zu verhelfen. Was hier ihr Zweck ist, ist bei Schopenhauer ungewolltes Resultat; denn, indem uns die Kunst von den Dingen und unseren Willensrelationen zu ihnen hinwegführt und die ewigen Ideen erkennen lässt, schenkt sie uns jenes Schweigen der Leidenschaften, dessen vollendete Dauer die Heiligkeit ist. In der Anschauung, dass Sittlichkeit höchste Menschheitsbestimmung ist, begegnen sich Schiller und Kant, und als der Dichter im Studium des Philosophen aufging und selbst anfing frei vom Mystisch-phantastischen zu philosophieren, machte er es sich zur Aufgabe, die Kunst, in der der Schwerpunkt seiner hohen Begabung lag, nach Stoff und Wirkung von diesem Gesichtspunkt aus zu prüfen; und so behandelt er in seinen beiden Aufsätzen „Ueber den Grund unseres Vergnügens an tragischen Gegenständen" und „Ueber die tragische Kunst", die beide 1792 in der Neuen Thalia im ersten und zweiten Stück erschienen, die Tragödie. Die Künste teilt hier Schiller ein in schöne Künste und rührende Künste (also anders, als vor ihm Kant, der Reiz und Rührung überhaupt zu den barbarischen Bedürfnissen rechnet, und anders, als Schopenhauer nach ihm, der eine Einteilung überhaupt vermeidet,) und rechnet das Trauerspiel zu den rührenden Künsten oder den Künsten des Gefühls; es ist rührend — denn im Leiden zeigt es die Lust am Leiden — und es ist erhaben, denn in der Ohnmacht fühlen wir unsere Uebermacht; es soll mehr durch die

Form als den Stoff wirkend uns das Vergnügen des Mitleids gewähren durch Vorführung von Handlungen, die dieses edeln Gefühles wert sind. Wir sollen in der Tragödie den Helden nach der höchsten Bestimmung ringen sehen und lernen, wie eine Zweckmässigkeit einer anderen, nämlich der höchsten, der moralischen aufgeopfert wird. Das erweckt unser Mitleid, denn wir leiden in der sinnlichen Natur mit dem Helden; aber unsere Achtung vor dem Sittengesetze wird befestigt, und das erhebt unsere sittliche Natur. Der Träger des Grundgedankens aber in der Tragödie muss unserer Gattung sein; menschlich müssen seine Kräfte, Tugenden und Fehler und in wohlbemessenem Abstand von beiden Extremen des Heiligen und des Verworfenen sein, eine Forderung, die schon Lessings Dramaturgie enthielt. Bei Schopenhauer wird es sich zeigen, dass Zweck der Tragödie nicht Achtung vor dem Sittengesetz, sondern Resignation ist. Dennoch stimmt er mit vielem, was Schiller über sie sagt, unbewusst überein, so vor allem darin, dass die Tragödie durch die Form und weniger durch den Stoff wirken muss. Thema der Tragödie ist bei beiden der leidende Mensch; aber bei Schiller leidet der Held, weil er freiwillig der Pflicht die Opfer seiner Neigungen bringt. Schopenhauer, der für den kategorischen Imperativ, wo er ihn erwähnt, nur Spott hat, lässt den Helden leiden, weil überhaupt Leiden Thema des Lebens ist und je höher der Intellekt, desto grösser das Leiden. Erhebt uns, wie Schiller meint, in der Tragödie das Bewusstsein, dass die moralische Geistesfreiheit im Leiden gewahrt bleibt, dass das Leiden selbst pathetisch wird, d. h. freiwillig auf sich genommen vom Helden für die höchste moralische Zweckmässigkeit, so lehrt uns, wie Schopenhauer meint, die Tragödie nur die eine Wahrheit, dass wir leiden müssen für die Schuld geboren zu sein. Und wie er diese Erhebung des menschlichen Geistes über die leidende sinnliche Natur in der Tragödie verwirft, so auch in den anderen Künsten. Abwendung vom Leben ist für ihn eine hohe Weisheit; sie predigt die Tragödie und sie war in der Blütezeit der Malerei Gegenstand der italienischen Kunst; aber das Pathetische in der bildenden Kunst erkennt er ebensowenig an, wie das Pathetische als Gegenstand der Poesie.

Am 21. Dezember 1792 schrieb Schiller an Körner: „Ueber die Natur des Schönen ist mir viel Licht aufgegangen, so dass ich Dich für meine Theorie zu erobern glaube. Den **objektiven Begriff** des Schönen, der sich eo ipso auch zu einem objektiven Grundsatz des Geschmacks qualificiert und an welchem Kant verzweifelt, glaube ich gefunden zu haben. Ich werde meine Gedanken darüber ordnen und in einem Gespräch: „Kallias, oder über die Schönheit" auf die kommenden Ostern herausgeben." Der Plan, von dem der Dichter hier spricht, wurde nicht zur Ausführung gebracht; wir werden nachher auf ihn zurückkommen. Dagegen erschien 1793 in der Neuen Thalia „Ueber Anmut und Würde", 1795 in den Horen die „Briefe über die ästhetische Erziehung des Menschen". Zwischen dem Erscheinen dieser beiden für die Schillersche Aesthetik höchst wichtigen Schriften liegt das Jahr, in dem er dem lange schon verehrten Manne nahe trat, dessen anregender Umgang ihn bald aus dem Felde der Spekulation für immer zurück zu dem Gebiete der Tragödie führen sollte. Mit sichtlicher Genugthuung berichtete Schiller am 18. Mai 1794 von dem Eindruck, den sein Aufsatz „über Anmut und Würde" auf Kant gemacht und von dessen Erwähnung in der „neuen Ausgabe seiner philosophischen Religionslehre". „Er spricht mit grosser Achtung von meiner Schrift und nennt sie das Werk einer Meisterhand", schreibt er, „ich kann Dir nicht sagen, wie es mich freut, dass diese Schrift in seine Hände fiel und dass sie diese Wirkung auf ihn machte." In diesem Aufsatz weist Schiller nach, dass die geistige und sinnliche Natur sich begegnen können, ohne sich abzustossen oder zu bekämpfen, dass also zwischen dem ästhetischen und dem moralischen Standpunkt eine Harmonie wohl herzustellen ist. Die architektonische Schönheit ist ein Werk der Natur allein; das Kunstwerk ist nur vom Geist geschaffen: weder hier, noch dort einen sich Geist und Natur. Aber eine Schönheit gibt es, die Natur und Geist zugleich zeigt, das ist die **Anmut**, jene bewegliche Schönheit der Natur, in der sich das Allzugewaltsame mässigend der Geist zeigt. Schönheit kann wohl ohne Anmut bestehen, nie Anmut ohne Schönheit; sie verlangt Schönheit des Baues, das Geschenk der Natur und Schönheit des Spiels, die Gabe der Seele. So ist aus dem freien Willen der Person ungekünstelt quellend die Anmut Schönheit der durch Freiheit bewegten Gestalt und verrät eine schöne Seele. Dieser Freiheit der willkürlichen Bewegung, wie sie die Anmut ausmacht, steht entgegen die Freiheit der beherrschten Natur, die Freiheit der unwillkürlichen Bewegung, die W ü r d e. Ihr Wesen ist der Widerstand, und Würde schliesst der Begriff der Tugend schon in sich, während Anmut als liebliche Ergänzung hinzutritt. Wo sich aber Anmut und Würde vereinen, jene mit architektonischer Schönheit, diese mit Kraft gepaart, da tritt uns entgegen, bezaubernd durch ihre Anmut und majestätisch in ihrer Würde, die vollendete Menschheit. Als vollendete Menschen aber dachte der antike Meister seine Götter und darum löst sich der scheinbare Widerstreit der moralischen und sinnlichen Natur zu einer wunderbaren Harmonie in den Bildern der Olympier. Der Anmut der äusseren Erscheinung muss aber eine Anmut des inneren Wesens, eine sittliche Anmut, entsprechen. „In der kantischen Moralphilosophie" sagt Schiller, „ist die Idee der Pflicht mit einer Härte vorgetragen, die alle Grazien davon zurückschreckt"; er selbst macht den Versuch, entgegen dem „Drako seiner Zeit" die Grazien in die Pflichtlehre wieder einzuführen und stellt in dem Begriff der moralischen Anmut dem kantischen Gebot, die Pflicht um der Pflicht willen zu thun, die mildere Anforderung der schönen Seele entgegen, die dem Affekt ruhig die Willensleitung überlassen darf. Das ist dann der Mensch, der nicht immer erst bei der reinen Vernunft um Rat fragen muss, weil seine Neigung ihn zur Pflicht treibt.

Auch diese Abhandlung hat Schopenhauer, wie wohl mit Sicherheit anzunehmen ist, nicht gekannt, sonst wäre er besonders auf die Schillersche Definition der Würde näher eingegangen, da er den Begriff des absoluten Wertes und der menschlichen Würde der Kantianer in seinen Grundproblemen der Ethik einer scharfen Kritik unterzieht, indem er nachweist, dass Würde soviel als Wert, d. h. ein immer relativer Begriff sei.

In der Erklärung der Anmut (Schopenhauer sagt immer „Grazie") kommt unser Philosoph der Schillerschen Erklärung, wie wir bei Besprechung der bildenden Künste noch deutlicher erkennen werden, sehr nahe. Auch er setzt zu ihrer vollen Entfaltung den harmonischen Bau des Körpers voraus, wie Schiller die architektonische Schönheit, und wenn Schiller das Wesen der Anmut als Freiheit der willkürlichen Bewegungen definiert, so ist das genau genommen dasselbe, wie wenn Schopenhauer sie als den richtigen und angemessenen Ausdruck des Willensaktes in Bewegung und Stellung erklärt; denn Freiheit wird immer das Angemessene thun. Der Grundgedanke der Schillerschen Schrift aber, das moralische und ästhetische Prinzip zu vereinen, war Schopenhauer ebenso fremd geblieben, wie der Begriff der Würde im kantischen Sinn.

Im Mai und Juni 1793 war der Schillersche Aufsatz über Anmut und Würde entstanden; am 20. Juni konnte er ihn an Körner senden. Durch ihn waren die Arbeiten an Kallias zugleich unterbrochen und gefördert. Das, was uns von Kallias, wie er ursprünglich geplant war, erhalten ist, findet sich in den Briefen an Körner (resp. ihren Beilagen) vom 25. Januar, 8., 18., 23. und 28. Februar 1793. Die Prinzipien, deren Träger der Dialog sein sollte, waren neu; Schiller glaubte sich nun im Besitze des objektiven Begriffs des Schönen, wie er schon in dem wichtigen Briefe vom 21. Dezember 1792 schrieb, woraus natürlich sich das ergab, was er am 18. Februar 1793 ausspricht: „Ich bin soweit entfernt, die Schönheit von der Sittlichkeit abzuleiten, dass ich sie vielmehr damit beinahe unverträglich halte." Das Prinzip von Schönheit, wie Sittlichkeit sollte dialogisch ausgeführt werden, ist Existenz aus blosser Form, und zwar Prinzip der **Schönheit** ist Existenz aus der Form, die sich selbst erklärt und keine andere Erklärung durch Begriffe fordert. Weder ein physischer Zwang, noch ein verständiger Zweck dürfen bestimmend auf die Form eingewirkt haben; demnach ist Schönheit Selbstbestimmung oder, wie Schiller sagt **Freiheit in der Erscheinung**. Diese Idee der Selbstbestimmung leuchtet uns aus vielen Erscheinungen der Natur ein, und der Verstand nimmt sie zwanglos auf ohne die Regel peinlich aufzuspüren. Was wir ohne den Eindruck, dass es von aussen zu dieser Form bestimmt ist, ohne das sich aufdrängende Bedürfnis, die Regel zu erforschen, betrachten können, ist **schön**. Aber nicht in der Regellosigkeit besteht die Schönheit, sondern in der Freiheit; von der Form angeregt muss der Verstand die Regel zwar nicht erkennen, aber sich doch von ihr in der Betrachtung leiten lassen, somit ein Vonaussenbestimmtsein negiren und ein Voninnenbestimmtsein, das ist aber eine Freiheit in der Erscheinung finden, die auf uns als Schönheit wirkt. Unsere Vorstellung von Schönheit beruht also auf der wahrgenommenen Freiheit; diese vermag allein die Technik darzustellen, die hierdurch unerlässliche Bedingung jeder Schönheitsvorstellung wird. Sein objektives Schönheitsprinzip der Heautonomie wendet Schiller auf den Kantischen Satz an: „Natur ist schön, wenn sie aussieht wie Kunst; und Kunst ist schön, wenn sie aussieht wie Natur" und findet, dass beide eben schön sind, weil sie sich als Freiheit in der Erscheinung darstellen, d. h. als Uebereinstimmung von Wesen und Form, von Technik, die durch Regel und Natur, die aus sich selbst ist. Die Schönheit unterscheidet sich somit deutlich von Zweckmässigkeit und Vollkommenheit. Wie aber nur das wahrhaft schön ist, was nicht von aussen bestimmt ist, so erklärt Schiller, dass auch eine moralische Handlung erst dann schön ist, wenn sie eben auch nicht von aussen ihre Bestimmung erhält, sondern als eine sich selbst ergebende Schönheit der Natur erscheint. Wie eine Schönheit der Handlung fordert er auch eine Schönheit des Umgangs: den guten Ton. In der Kunst wird das Schöne erreicht durch freie Darstellung des Schönen und durch freie Darstellung der Wahrheit; beides muss sich verbinden im wahrhaft grossen Künstler, im Genie, das die Schönheit des Stoffs als Nachahmung des Naturschönen mit der Schönheit der Darstellung zu verbinden weiss und niemals die Natur des Stoffes oder die eigene die Natur des Nachgeahmten verfälschen lässt. Eine reine Objektivität ist der erste Grundsatz jeder Kunst, dies ist das Resultat, zu dem Schiller und Schopenhauer von verschiedenen Standpunkten gelangen.

Im Dezember 1793 (vgl. den Brief an Körner vom 10. Dezember 1793) liess sich Schiller von Körner die Kalliasbriefe zurückschicken, als er sich an die Ausarbeitung der ästhetischen Briefe machte, für die er schon im Mai 1792 die „Kritik der Urteilskraft" nochmals durchstudiert hatte. Am 3. Februar 1794 meldet er dem Freunde: „In einigen Wochen kann ich Dir vielleicht einen Theil meiner ästhetischen Briefe abgeschrieben schicken." (Die Uebersendung erfolgte erst achtzehn Monate später, am 29. Oktober 1794). In diesem Briefe führt er aus, dass er den Begriff der Schönheit (Inhalt der Kalliasbriefe) bis jetzt unerwähnt gelassen und erst den „Zusammenhang der schönen Empfindungen mit der ganzen Kultur" (das ist die ästhetische Erziehung, Stoff aus den „Künstlern") vorausschicke. Den Ausführungen liegen die Kopien der Briefe an den Herzog von Augustenburg zu Grunde, deren Originale beim Schlossbrand in Kopenhagen verbrannt sind (vergl. Briefe an Körner, 10. Dezember 1793). Die Briefe sind ohne Nennung des Adressaten in den Horen von 1795 erschienen. Sie führen zunächst aus, dass nur die ästhetische Erziehung zur Moral führt. Von dem Staat, den die widerstreitenden Triebe der Menschen von der Not gezwungen schaffen mussten, geht die Menschheit nach ihrer Bestimmung über zu dem Staat, der auf Vernunft gegründet ist und in welchem Vernunft herrschen soll. Um in solchem Staate heimisch zu sein, und sich seinen Gesetzen gerne zu fügen, muss der Mensch erzogen sein und zwar erzogen durch Läuterung des sinnlichen Menschen. Eine solche Läuterung bietet durch die Schönheit die Kunst; sie ist es also, die den Menschen erzieht zu einem ästhetischen Menschen. Der ästhetische Mensch aber befindet sich in einem Zustande der Freiheit; er ist frei durch die Entwicklung des „Spieltriebs", der ihn sowohl physisch (von der Herrschaft des „Sachtriebs") als moralisch (von der Herrschaft des „Formtriebs") befreit; der Sachtrieb und der Formtrieb vereinigen sich im Gemüt des Menschen; jener schliesst alle Freiheit aus und herrscht durch Naturgesetze; dieser schliesst alle Abhängigkeit aus und herrscht durch Vernunftgesetze. Zwischen beiden erhebt sich als richterliche Macht der Wille, der sie beide reden lässt und für einen entscheidet. Wenn beide Triebe aber zusammenwirken, der Sachtrieb, dessen Gegenstand das Leben, dessen Streben Realität ist, und der Formtrieb, dessen Gegenstand, die Gestalt, dessen Streben nur die Form ist, dann entsteht ein neuer Trieb, der den Zwang der Natur und den Zwang der Vernunft so verbindet, dass das Angenehme zu einem Objekt der Betrachtung und das Gute zu einer erziehenden Macht wird: der Spieltrieb. Leben und Gestalt wird Gegenstand des Spieltriebs, die lebende Gestalt, die Schönheit, mit der der Mensch spielen und allein spielen soll. Die höchste Schönheit kennt deshalb keine Spuren des Ernstes und der Arbeit und hier berührt Schiller seinen Aufsatz über „Anmut und Würde", wenn er die Juno Ludovisi anführt als Beispiel einer himmlischen Selbst-Genügsamkeit, die besteht in der Vermählung der uns anziehenden Anmut mit der uns in die Entfernung bannenden Würde. Aber er berührt auch, und zwar sehr nahe unseren Philosophen, wenn er sagt, dass die Griechen mit Recht aus den Zügen ihres Schönheitsideals mit der Neigung auch alle Spuren des Willens verbannten. Ganz so Schopenhauer, der es, wie wir sehen werden, immer betont, dass Aufhebung aller Willensrelationen durch die Macht des Intellekts allein das Genie, den Menschen auf der Höhe der Menschheit ausmacht; wie der griechische Meister aber in Stunden der Weihe als „klares Weltauge" das Menschheitsideal schaute., so stellte er den seligen Gott dar, der unter der sorgenfreien Stirn weit umherblickend, so leichten Ganges über die Wolken hinschreitet.

Schiller hat also aus der Wechselwirkung der beiden ganz entgegengesetzten Triebe seinen „Spieltrieb" entstehen lassen; eine vollständig harmonische Wechselwirkung wird das einzige Gleichgewicht, die Idee der Schönheit hervorbringen. Aber solches Gleichgewicht wird in den andauernden Schwankungen nie ganz erreicht. Die Harmonie zu erzielen strebt aber die Schönheit und wirkt zu diesem Endzweck doppelt: auflösend hält sie die beiden Triebe in ihrer Grenze, anspannend in ihrer Kraft. Soll die Schönheit den Menschen vervollkommnen zum ästhetischen Menschen, so muss sie die angespannten Triebe auflösen auf das richtige Mass als „schmelzende Schönheit", in der die Anmut überwiegt, die aufgelösten Triebe aber anspannen als energische Schönheit, in der die Kraft überwiegt. Die schmelzende Schönheit, der Schiller die Briefe vom 17ten bis 27ten gewidmet hat, muss in das wilde Leben des Naturmenschen die sanfte ruhige Form führen und durch sie besänftigend die Empfindung zum Gedanken leiten; im Leben des künstlichen Menschen haucht sie den Formen wieder Leben und sinnliche Kraft ein und leitet, wie dort von Empfindung zum Gedanken, so hier vom Gedanken und Begriff zu Empfindung und Anschauung zurück.

Bei Schopenhauer war Schönheit, das Objekt der Kunst, nur ein Ruhepunkt in den endlosen Leiden des Lebens, aber als solcher stellt sie auch eine Erziehungsstufe dar. Die Schopenhauersche Lehre will erziehen zur Verneinung des Willens zum Leben; mit dieser Willensaufhebung für immer ist die künstlerische Betrachtung als Willensaufhebung für eine kurze Zeitspanne verwandt und kann ihr als Vorstufe dienen. Bei Schiller ist die Schönheit zunächst auch Erziehungsmittel; aber er will den Menschen durch die Erweckung ästhetischer Gefühle zur **Moralität** führen; seine philosophischen Briefe, und mit ihnen seine philosophischen Schriften, enden aber damit, dass der ästhetische Mensch kein Durchgangspunkt ist im Streben nach dem moralischen, sondern, dass dieser schon in jenem erreicht ist. Schön und gut handelt der ästhetische Mensch zugleich, und Schiller hat das Ziel da erreicht, wo er am Anfang nur des Weges Mitte sah. Der letzte seiner grösseren ästhetischen Aufsätze: „Ueber naive und sentimentalische Dichtung", der zugleich mit dem Plan für den „Wallenstein"[1] entstand und 1795 in den Horen erschien, hat nur den Zweck, aus der Kunsttheorie überhaupt das Wesen der Kunst, deren Meister er selbst war, herzuleiten. Er geht dabei aus von dem Resultat der Briefe, dass der ästhetische Mensch die Harmonie der Triebe in sich tragen muss; diese ideale Forderung kann aber der Mensch, der im Leben mit all seinen Schicksalen steht, schwer erfüllen, denn schon die eigene mühsam errungene Bildung und Verfeinerung seiner Sitten entfernt ihn von der Natur und seinem natürlichen Zustand in ihr. Das ästhetische Ideal aber bleibt gegenwärtig in seinem Bewusstsein und dieses ästhetische Ideal ist Vorwurf der Poesie, deren Aufgabe eine doppelte sein wird. Denn entweder geniesst der Dichter mutig zurückkehrend zur Natur ihre Schönheit als holde Wirklichkeit, oder

---

1) Siehe den Brief an Körner vom 4. September 94. [Ursprünglich war der Aufsatz von geringerem Umfang für die Thalia geplant, wie aus dem Briefe an Körner vom 4. Oktober 1793 hervorgeht.] Vgl. Kuno Fischer, Schiller als Philosoph, 2. Aufl. Heidelberg 1892. Buch I u. II.

er sieht sie als ein ewig gesuchtes, nie erreichtes Ideal vor seinen geistigen Augen; der naive Dichter fühlt sich im Besitz und geniesst, der sentimentalische erträumt den Besitz und sehnt sich danach; der naive Dichter ist glücklich in der Heimath, der sentimentalische voll Heimweh in der Fremde; er vergleicht das Land, in dem er jetzt weilt, seine Zeit, die Wirklichkeit mit dem Land seiner Kindheit, seiner Träume. Während der naive Dichter im glücklichen Besitz von keinen schmerzlichen Gefühlen aus seiner Objektivität gerissen, mit liebevoller Treue schildert, wendet sich das Wort des sentimentalischen Dichters leicht herb und spöttisch gegen die Wirklichkeit oder diese ganz vergessend, hängt er träumerisch seiner Sehnsucht nach; dort wird er zum Satiriker, hier zum Elegiker. Während der Elegiker sehnsüchtig in die Ferne schaut, reisst der Satiriker die Tempel oder Götzenbilder um sich nieder, nur um zu zeigen, wie wertlos das Alles ist gegenüber dem Ideal; sein Vernichtungswerk kann ihm selbst scherzhaft erscheinen, dann überwiegt seine Person und Darstellung; es kann ihm aber auch furchtbarer Ernst sein und dann wirkt er durch den Stoff. Interessant für den Ausgangspunkt seiner philosophischen Schriften überhaupt ist der Schluss dieses Aufsatzes, indem Schiller zunächst sich gegen die „Platitüde" wendet, „dass die Dichtkunst zum Vergnügen und zur Erholung diene", was er schon nach seiner Definition, dass Schönheit Produkt der Harmonie zwischen Geist und Sinnen ist, energisch zurückweisen muss; denn von Erholung und Vergnügen ist nur in so fern die Rede, als eine einseitige Ueberbürdung entweder der Sinne oder des Geistes ausgeschlossen ist. Dann aber wendet er sich auch gegen die ungeschickte Anwendung des Satzes, dass die Kunst „zur moralischen Veredlung des Menschen diene", der ihm in der allgemeinen Ansicht viel zu weit gefasst erscheint. War das Ideal der Erholung für den Künstler (hier den Dichter) zu niedrig, so ist das der Vollkommenheit, wie es nur in Gedanken existiert und zu dem er emporführen soll, zu hoch. Seine Dichtung, wie er selbst, fallen in das Ueberspannte, wenn er das Veredelungsideal immer im Auge hat, bei dessen Aufsuchung er leicht die menschlichen Schranken ausser Acht lassend, zum Schwärmer wird. Hier finden wir bei Schiller ganz beiläufig angedeutet, was, wie wir sehen werden, Schopenhauer in seiner Lehre vom Genie und besonders von dessen Beziehungen zum Wahnsinn in erleuchtender und erschöpfender Weise ausgeführt hat. Die Kunstlehre Schillers hat mit der Schopenhauers manchen Berührungspunkt, den ich hier nur in der Kürze andeuten konnte. Beim näheren Eingehen in die Aesthetik unseres Philosophen, deren zusammenfassende Darstellung meine Hauptaufgabe sein muss, werden sich noch Gelegenheiten ergeben, auf einzelne dieser Punkte zurückzukommen. Von Schiller in seine Lehre hinübergenommen hat Schopenhauer nichts; er hat von dem Dichter Schiller sehr gross gedacht; den Philosophen Schiller kannte er nicht. Ersteres ist leicht zu beweisen aus zahlreichen Stellen der Anerkennung und aus Citaten, letzteres ebenso leicht daraus, dass Schopenhauer nirgends den Philosophen Schiller citiert.

Anschliessend an seine Willenslehre ruht die ganze Kunstlehre Schopenhauers auf einer offen zur Schau getragenen Abhängigkeit von der platonischen Ideenlehre; denn das Objekt der Kunst sieht Schopenhauer nie in einer einzelnen Erscheinung, sondern allein in der Idee. Nicht unter den Individuen, aus denen die Idee, weil und so lange wir selbst Individuen sind, nur undeutlich zu uns spricht, darf die Kunst den würdigen Vorwurf ihres Wirkens suchen, sondern einzig und allein in dem Reiche des vom Willen gesonderten Intellekts, in dem Gebiet reiner Anschauung.

II. Darstellung und kritische Beleuchtung der Schopenhauerschen Aesthetik mit Rücksicht auf Kant und Schiller.

1. Schopenhauers historische Betrachtungsweise.

Hermann Lotze charakterisiert in seiner „Geschichte der Aesthetik in Deutschland" [1]) Stellung und Wesen der Schopenhauerschen Aesthetik mit den Worten: „Schopenhauer, dem die Entwicklung des Absoluten zur Welt, die Schelling gepriesen hatte, nur als Verirrung des Seienden in das erschien, was nicht sein soll, fand in der Anschauung des Schönen zwar nicht völlige Heilung, aber Trost dieses Uebels; denn die Schönheit, indem sie uns die ewigen Gattungsbilder des Wirklichen vorführt, verneint wenigstens die freche Anmassung, mit der das Einzelne in seiner Einzelheit den verbrecherischen Willen zum Leben ausdrückt." Hier hat Lotze schon angedeutet, dass die Kunst ein Ruhepunkt in dem rastlosen Drängen des Willens und die Darstellung ihres Wesens ein Glanzpunkt der Philosophie Schopenhauers ist. Wenn er auch seine Kunstlehre nicht originell begründet, so ist er doch originell in den meisten seiner Ausführungen. Er kam her von Kant, von dem er gelernt hatte, dass diese Erscheinungswelt nur die von uns vorgestellte Welt ist; Realität kommt der sinnlichen Erscheinung nicht zu, darin war Plato mit beiden einig; Schopenhauer will nun das Einzig-Reale im Willen gefunden haben, der sich aber nur objektiviren kann durch das

---

1) München 1868. S. 167.

Medium der von Plato gelehrten Ideen, so dass bei Schopenhauer das Einzelding die getrübte Idee, die Idee die adäquate Willensobjektität, und der Wille selbst das Einzig-Reale ist. Der sich über den Willen in der höchsten Stufe der Willensobjektivation, dem Menschen, erhebende Intellekt erkennt nun nicht mehr bloss die getrübten Ideen, sondern er betrachtet im Reiche reiner Anschauung die ewigen Ideen selbst. Aus dieser mit der Ideen- und Kunstlehre eng zusammenhängenden Betrachtung lässt sich vielleicht der auffällige Mangel des historischen Blicks bei dem sonst so scharfsichtigen Philosophen erklären. Sein Pessimismus, der, konsequent wie er ist, den Weltüberwinder über den Welteroberer stellt, geht hier Hand in Hand mit seiner Ideenlehre, die in der Menschheitsgeschichte nur ein ganz gleichgültiges Abbild der nur dem siegreichen Intellekt sichtbaren Idee findet; nur das Kostüm scheint die Menschheit zu wechseln, während diese selbst immer dieselbe bleibt. Während Kant mit freudiger Begeisterung in seinen Schriften über die Aufklärung feststellte, dass die Menschheit fortschreite, im Selbstdenken, wie im moralischen Gefühl und gerade in seiner Zeit eine höhere Stufe erklimme, sagt Schopenhauer: „Die Masse und Menge der Nachwelt wird allezeit ebenso verkehrt und stumpf bleiben, wie die Masse und Menge der Mitwelt allezeit war und allezeit ist." — Hiermit steht allerdings eine Bemerkung im Widerspruch, die er in anderem Zusammenhang macht[1]): „. . . . weil dieses neunzehnte Jahrhundert ein philosophisches ist", erklärt er, „womit nicht sowohl gesagt sein soll, dass es Philosophie besitze, oder Philosophie in ihm herrschend sei, als vielmehr, dass es zur Philosophie reif und eben deshalb ihrer durchaus bedürftig ist." Wenn aber die Masse und Menge wirklich, wie er zuerst behauptet, allezeit ebenso verkehrt und stumpf bleibt, wie könnte sie da plötzlich „zur Philosophie reif" geworden sein?

Die Geschichte zu einem Teil der Philosophie machen zu wollen, wie das vor Hegel, den der Hieb treffen soll, in anderem Sinne schon Kant und Herder gethan, erklärt Schopenhauer ge-

---

[1]) Werke Bd. II, S. 55 ff.

radezu für abgeschmackt,¹) da sie ihm keinen Verstand zu erfordern scheint, sondern nur die Kraft, alle die stets wechselnden Konfigurationen der nie wechselnden Elemente im Gedächtnis zu bewahren; denn die Epochen der Geschichte scheinen ihm den Komödien des Gozzi vergleichbar, in denen der „Geist der Begebenheiten" immer derselbe bleibt, die Personen immer die nämlichen sind, nur ohne ihr eigenes Vorleben in den anderen Stücken zu kennen.²) Der Herderschen Auffassung von der Geschichte, die dieser in seinem Werk „Ideen zur Philosophie der Geschichte der Menschheit," niedergelegt hatte, scheint sich Schopenhauer zu nähern, wenn er an einer Stelle³) meint: „Andererseits könnte man die Geschichte auch ansehen als eine Fortsetzung der Zoologie; insofern bei den sämtlichen Tieren die Betrachtung der Species ausreicht, beim Menschen jedoch, weil er Individualcharakter hat, auch die Individuen, nebst den individuellen Begebenheiten, als Bedingung dazu, kennen zu lernen sind."

Diese Schopenhauersche Auffassung der Geschichte, dass Geschichte ein Wissen, aber keine Wissenschaft sei,⁴) ist von grosser Wichtigkeit für seine Lehren sowohl über Historienmalerei als über die Tragödie, wie sich im folgenden ergeben wird.

2. Seine Lehre vom Genie.

Ist das Objekt der Kunst nur der reinen Anschauung zugänglich, wie Schopenhauer lehrt, und besteht die reine Anschauung in einer Unterordnung des Willens unter den Intellekt, so ist es selbstverständlich, dass in das Gebiet der Kunst nur der mit Intellekt begabte Mensch gelangen kann. Insofern jeder Mensch Intellekt besitzt, ist jeder Mensch also Subjekt der Kunst, wie jede Idee ihr Objekt ist; aber die Grade, in denen sich das Verhältnis vom Intellekt zum Willen aus-

---

1) Vgl. Werke Bd. VI, S. 479.
2) Vgl. Werke Bd. II, S. 216.
3) Vgl. Werke Bd. VI, S. 479—480.
4) Vgl. Werke Bd. II, S. 75.

drückt, sind erst das Massgebende und das Subjekt κατ' ἐξοχήν kann also erst derjenige Mensch sein, in dem der Intellekt den Willen ganz niedergedrückt und zum Schweigen gebracht hat, der Mensch also, den die interesselose Betrachtung zu dem macht, was Schopenhauer schön und gut „klares Weltauge"[1]) oder einen „klaren Spiegel der Welt"[2]) nennt: das Genie als Korrelat der platonischen Ideen, das seinen Namen hat von einem „Genius",[3]) dem der Dutzendmensch gewissermassen als stillen Kompagnon die unsterblichen Werke zuschreibt, die er selbst nie schaffen könnte und daher auch einem Anderen zuzutrauen nicht geneigt ist. Kant vermutet auch, dass das Wort Genie von Genius herkommt und erklärt ähnlich, wie Schopenhauer, dass das Genie selbst nicht wisse, wie es zu seinem Produkt gekommen sei und daher die Eingebung eines durchs Leben geleitenden Genius voraussetze. Der gewöhnliche Mensch, führt Schopenhauer aus, steht im beständigen Kampf des Lebens in zu mannigfachen Beziehungen zum Willen, um sie ganz von sich abstreifen und in zweckloser Betrachtung reines erkennendes Subjekt werden zu können. Er ist nur die „Fabrikwaare der Natur"[4]), der überall nur das seinem Willen Nützliche sucht im Gewühl des niedrigen Lebens, während das Genie auf einsamer Höhe allein steht. Bei dem genialen Menschen muss der Intellekt so ungemein kräftig sein, wie er nicht in Vielen gebildet werden kann. Schon Kant hatte gesagt[5]): „weil aber das Genie ein Günstling der Natur ist, dergleichen man nur als seltene Erscheinung anzusehen hat". Während das ausreichende Mass des Intellekts immer nur im „Mann der Thaten" lebt, ist ein Uebermass des Intellekts nur im Genie vorhanden und „deshalb sind die Männer der ächten Werke tausendmal seltener, als die Männer der Thaten"[6]). Kant verlangt für das Genie, das er als gesetzgebendes Talent im Gebiet der schönen Künste bezeichnet, die in richtigem Mass gehaltene

---

1) Vgl. Werke Bd. II, S. 228, 119.
2) Vgl. Werke, Bd. III, S. 230.
3) Vgl. Werke Bd. VI, S. 451.
4) Vgl. Werke Bd. II, S. 220.
5) Siehe Kants Werke a. a. O. Bd. IV, S. 190.
6) Vgl. Werke Bd. III, S. 444.

Vereinigung von Einbildungskraft, zweckbewusstem Verstand, freiem Geist und urteilendem Geschmack. Die Anschauung der Ideen, der Objekte der Kunst und ihre Darstellung, die das vom Genius Erkannte durch die Dauer seiner Erkenntnis in einem Werke wiederholen kann, — nachdem es in einem Augenblick der Empfänglichkeit befruchtet ist von der Idee, die in diesem Zeugungsakt das Subjekt war — ist ohne Lohn, wenn man ihn sucht in Gewinn und soll es auch sein;[1]) aber einen anderen Lohn trägt die Genialität doch in sich; denn während der Geist des gewöhnlichen Menschen zwischen Begierde und Langweile ewig hin- und herpendelt, bringt der starke Intellekt des Genies die Schmerzen und Leidenschaften des realen Lebens zum Schweigen durch die Besiegung des Willens und lebt so in seinem Gedankenreich, das die Langweile nicht kennt. In diesem Gedankenreich zu leben, bietet ihm den grössten Genuss und die Möglichkeit, so zu geniessen, ist ihm der „unmittelbare Vorteil", während alle die „mittelbaren und sekundären" leichter vom Talent erreicht werden.[2])

Diese Welt kann nur belohnen, was ihr nützt; das Werk des Genies, aus reiner Anschauung hervorgegangen, steht in keiner Beziehung zu dem sie beherrschenden Willen; in diesem Sinne ist es nutzlos und zwecklos, und eben darin besteht sein Adel. Auch Kant hatte die formale Zweckmässigkeit des Schönen (somit auch der Kunstwerke) scharf scheidend von der objektiven Zweckmässigkeit, sowohl an innerer als äusserer ausgeführt, dass die Vorstellung des Nützlichen nie das Geschmacksurteil bestimmt, die Vorstellung des Vollkommenen dem Schönen schon näher kommt und deshalb oft mit ihm verwechselt wurde, während in Wahrheit das Schöne, das durch die blosse Form gefallen soll, in dieser Form durchaus keinen Begriff von Vollkommenheit in sich einschliesst. Geht der Begriff der Vollkommenheit mit der Schönheit Hand in Hand, so

---

1) In diesem Sinne nennt Schopenhauer das Honorar den Verderb der Litteratur. Vgl. Werke Bd. VI, S. 536.

2) Vgl. „Aus Arthur Schopenhauers handschriftlichem Nachlass" hrsgb. von Julius Frauenstädt. Leipzig 1864, S. 358.

ist diese im Unterschiede von der freien Schönheit, dem Objekte des reinen Geschmacksurteils, eine nur anhängende Schönheit.

Es ist, wenn man alles, was Schopenhauer über das Genie sagt, zusammenträgt, keinen Augenblick zweifelhaft, dass er selbst zu dem Bilde, das er vom Genius entwirft, Modell gesessen; mag auch mitunter, wie z. B. bei Schilderung des Aeusseren des Genies, die Absicht allzudeutlich sein, so ist doch nicht zu verkennen, dass eben durch die an sich selbst gemachten Betrachtungen das Bild so grossartig und erschöpfend geworden ist. Schon daraus, dass er sich selbst bei diesen Schilderungen ganz direkt im Auge hat, leuchtet es ein, dass er die Werke der Philosophie zu denen des Genies rechnet. Hier befindet er sich in einem Gegensatze zu Kant, wie er sich schon aus dem Charakter der beiden Philosophen ableiten lässt. Der bescheidene, die Welt mit kritischem aber heiterem Auge betrachtende Kant bewundert das Genie, aber nimmt für sich in seiner Wissenschaft nur den Platz eines bahnbrechenden Kopfes in Anspruch; denn für ihn sind Philosophie und Kunst ebenso scharf getrennt, wie Kunst und Natur oder Kunst und Lohnkunst, d. h. Handwerk. Der verbitterte, das Leben um sich mit verächtlichen Blicken musternde, Pessimist dagegen, welcher das „genialische Geheimnis, angenehm zu sein"[1]), nicht kannte, findet seine einzige Genugthuung darin, dass er sich selbst den Weihrauch streut, den ihm die Mitwelt so lange versagte; er betont ausdrücklich, dass er die Werke der Philosophie zu denen der Kunst, also auch ihre Schöpfer zu den seltenen Genies rechnet, die aus der Masse der Dutzendmenschen als vereinzelte Grössen ragen, die im Gegensatz zu den nur die Moden und Bedürfnisse ihrer Zeit kennenden und daher nur von ihrer Zeit verstandenen „Talentmännern" so leicht und oft missverstanden werden, da sie der Apprehensionsfähigkeit ihrer Zeit vorausgeeilt sind.

Die Ansicht, dass die Philosophie keine Wissenschaft, sondern eine Kunst sei und mit der Poesie das Material der Begriffe teile, dass dieselbe Besonnenheit, welche der Künstler

---

1) Schiller, Briefe über die ästhetische Erziehung. Histor.-Krit. Ausgabe Bd. X, S. 304.

braucht, um die geschauten Ideen in unsterbliche Worte zu fesseln, auch der Philosoph benötigt, um die erforschte Wahrheit schön und fasslich zu verkünden, wie er es soll, dies war bei Schopenhauer so alt, wie seine Philosophie selbst[1]). In einem Brief an Schiller vom 6. Januar 1792 spricht Körner einen ähnlichen Gedanken aus, wenn er sagt: „Ueberhaupt denke ich mir die Philosophie nicht als Wissenschaft, sondern als Kunst. Durch sie wird Ordnung und Harmonie in unserem Denken und Handeln hervorgebracht."

Die Zwecklosigkeit der eigenen Werke fühlt jedes Genie, besonders in den Stunden, wo der Intellekt sich dem Willen wieder unterworfen hat. Denn unbrauchbar zu alltäglichen Zwecken sind seine Werke und unverstanden von der grossen Menge, den „ordentlichen Mitgliedern des Packs der Menschheit"[2]), wie sie Schopenhauer nennt. Hier stimmt der Philosoph ganz mit Goethe überein, wenn dieser im fünfzehnten seiner venetianischen Epigramme sagt: „Wunderthätige Bilder sind meist nur schlechte Gemälde; Werke des Geist's und der Kunst sind für den Pöbel nicht da."

Deshalb erklärt Schopenhauer: „Das glücklichste Loos, was dem Genie werden kann, ist Entbindung von Thun und Lassen, als welches nicht sein Element ist und freie Muse zu seinem Schaffen"[3]). Diese seine Erkenntnis war es auch, die ihn mit so grenzenloser Dankbarkeit für den Vater erfüllte, der es ihm erspart hatte, „die Erde zu ackern", und sie spricht auch aus den Worten, die einer erst durch Frauenstädt an die Oeffentlichkeit getretenen Widmung der zweiten Auflage des Hauptwerks an die Manen seines Vaters entnommen sind"[4]).

„. . . . Du scheinst vorhergesehen zu haben, dass dein Sohn, du stolzer Republikaner, nicht das Talent würde haben können, wetteifernd mit médiocre et rampant, vor Ministern und Räten,

---

1) Vgl. hierzu Wilh. Gwinner: Schopenhauers Leben (zweite umgearbeitete Auflage der Schrift: A. Schopenhauer aus persönlichem Umgange dargestellt). Leipzig 1878, S. 160 ff.
2) Werke Bd. III, S. 487.
3) Werke Bd. III, S. 447.
4) Julius Frauenstädt, Memorabilien, a. a. O. S. 204.

Mäcenen und ihren Ratgebern zu kriechen, um ein sauer abzuverdienendes Stück Brot erst niederträchtig zu erbetteln oder der sich blähenden Mittelmässigkeit zu schmeicheln und demütig sich dem lobpreisenden Gefolge scharlatanischer Pfuscher anzuschliessen." Dies ist abgesehen von dem noch keine Genialität beweisenden Hass, besonders gegen Hegel, den er schon vor seinem Berliner Misserfolg als Privatdozent gründlich gehasst hatte, wie aus einem Briefe an den Buchhändler Frommann vom 4. November 1813 [1]) hervorgeht, ganz im Sinne des Genies gesprochen, für das der Schwerpunkt des Lebens in willenloser, zweckloser Anschauung liegt. Während der stets subjektiven Erkenntnis des Tieres oder der angrenzenden gemeinen Menschheit der abstrakte Begriff fehlt und eben dadurch niemals ein Ding zum Objekt wird für die Darstellung oder Meditation, schaut der Genius objektiv und die abstrakten Begriffe werden zu Werkzeugen seiner „Besonnenheit" und lehren ihn darzustellen, was der Mensch auf niederer Stufe nur durch ihn schauen und der Mensch auf der niedersten, gleich wie das Tier, gar nicht schauen kann. So erfasst also der Genius die ewigen Ideen, das Bleibende in den Erscheinungen. Alle Werke des Genius teilen sich nach dem Stoff, dem der Künstler das Geschaute und Empfundene anvertraut, in bildende Künste, Poesie und Musik. Aber welchem Gebiete der Kunst sie auch angehören, stets machen sie den Eindruck des Unabsichtlichen, Instinktiven. Das hatte bereits Kant als besonderes Merkmal der Werke des Genies neben ihrer Originalität und Mustergültigkeit hervorgehoben, dass sie nach nur gefühlten und von ihrem Schöpfer wissenschaftlich nicht zu begründenden Regeln zwanglos entstanden sind.

Schopenhauer führt dies ebenfalls an, und zwar als Beweis dafür, dass sie geboren sind aus einer Erkenntnis, welche dem Willen nicht unterthan war. Eine solche Erkenntnis zu erreichen, muss sich das Genie Sorgen und Schmerzen, die es an den Willen fesseln, fernzuhalten und seine Wünsche zu beschränken wissen; „aber die, welche er nicht unterdrücken

---

1) Dr. Hermann Frommann, Arthur Schopenhauer. 3 Vorlesungen. Jena 1872. S. 28.

kann, befriedige er völlig: nur so wird er sein seltenes Dasein zum grösstmöglichsten Vorteil benutzen, zu seiner eigenen Freude und der Welt Gewinn" [1]).

Eine andere Welt ist es, die das Genie anschaut, und diese teilt es auch nicht mit dem Talent. Schopenhauer hält darum Talent und Genie auseinander; Kant definierte Genie als „Talent, welches der Kunst die Regel giebt", und fasste „Talent" als die angeborene Kraft zu schaffen im Reich der schönen Künste. Schopenhauer verbindet mit dem Worte Talent eine fast verächtliche Nebenbedeutung, denn nach seiner Lehre arbeitet das Talent um Geld und Ruhm und ist überall am rechten Ort und zur rechten Zeit erschienen, während er die Produktion des Genies mit der unbeeinflussten Blüte des Baumes vergleicht. Bei Schopenhauer und Kant aber ist das Talent dasjenige, welches die Form beherrscht. Das Genie giebt den Stoff, das Talent die Form, sagt Kant; beim Genie ist die Erkenntniskraft weit mächtiger als der Wille und zwar durch erhöhte Erkenntnis, bei dem Talent ist der Wille schwach und dadurch die Erkenntnis grösser, sagt Schopenhauer. Der Talentierte denkt rascher und sieht tiefer, als seine dürftiger veranlagten Mitmenschen, ganz objektiv aber sieht nur das Genie; es allein hat die Ideenwelt anschaulich erfasst, und weil die Ideen ewig sind, immer dieselben bleiben, so machen seine Werke dem Zeitgeschmack keine Konzessionen, wie die Nachahmungen, welche das vernünftelnde Talent mit Hilfe der Begriffe anempfindet [2]). Ganz dasselbe spricht Schiller in seiner „ästhetischen Erziehung" in den schönen Worten aus: „Der Künstler ist zwar der Sohn seiner Zeit, aber schlimm für ihn, wenn er zugleich ihr Zögling oder gar noch ihr Günstling ist. Eine wohlthätige Gottheit reisse den Säugling bei Zeiten von seiner Mutter Brust, nähre ihn mit der Milch eines besseren Alters und lasse ihn unter fernem griechischen Himmel zur Mündigkeit reifen" [3]).

Befreit sich beim Genie der Intellekt aus eigenem Antrieb vom Willen, so treibt beim „Pfuscher" der Wille selbst, von

---

1) Handschriftlicher Nachlass (s. o.) S. 357.
2) Vgl. Werke Bd. III. S. 433 und 447; Bd. VI. S. 510 ff.
3) Histor.-Krit. Ausgabe Bd. X, S. 300.

dem der Intellekt nicht loskommt; weil dem Pfuscher selbst
die reine Anschauung nie zu teil ward, kann alles, was er schafft,
nur persönliche Zwecke zu verfolgen, geschickt entlehnt oder
frech gestohlen sein" [1]).

Kräftig bleibt nur, was aus der Kraft geschöpft ist, aus
der unmittelbaren Natur; die Manieristen, die „Parasiten"
des Genies, vergehen schnell, weil es nicht die Kraft selbst
war, die sie befruchtete.

Kant hatte zwei Arten der Nachahmung unterschieden:
„Nachäffung", in welcher die Schule nichts als den Abklatsch
ihres Meisters liefert, und „Manieriren" eine Nachahmungsart,
die sich nur auf die Eigentümlichkeiten erstreckt. Schopenhauer hat für diese Art zu schaffen das gute Beispiel von
dem abgelegten Kleid des Meisters, welches sich nun durch
seine Schule hindurch vererbt. Das Genie allein erreicht das
wahrhaft Grosse und Dauernde, denn in den Stunden der
Weihe hat sich in ihm der Intellekt vom Willen losgelöst.
Wohl muss es wieder in den Dienst des Willens zurückkehren, denn die ungeheuere Anspannung des Intellekts ist
nicht fähig zu dauern, sondern sie kann nur zuweilen auftreten und dem Genius die freie Entfaltung gestatten; aber
was er dann in reiner Anschauung nachbildend schuf, ist
eben als das Abbild der alle Zeiten überdauernden Idee un-
sterblich, und in diesem Sinne könnte Schopenhauer das Genie
die Worte sprechen lassen, die Goethe in etwas anderem Sinne
seinem Tasso[2]) in den Mund legt:

> Es schwebt kein geistig unbestimmtes Bild
> Vor meiner Stirne, das der Seele bald
> Sich überglänzend nahte, bald entzöge.
> Mit meinen Augen hab' ich es gesehn.
> Das Urbild jeder Tugend, jeder Schöne;
> Was ich nach ihm gebildet, das wird bleiben.

Vom wissenschaftlichen Talente trennt das Genie
nun vollends eine weite Kluft und, da Schopenhauer den Philosophen zu den künstlerischen Genies zählt, so ist, was er

---

[1]) Vgl. Werke Bd. III, S. 439; Bd. II, S. 278.
[2]) Torquato Tasso. II. Aufzug, 1. Auftritt.

hierüber sagt, zugleich eine neue Bestimmung des Unterschiedes von Philosophie und Wissenschaft. Die Wissenschaft will subordinieren, um ein geordnetes System zu erreichen; wer ihr mit Erfolg dienen will, muss einen Blick für die Subordination haben, um das Wissen zugleich vollständiger und leichter zu machen. Für das Genie dagegen handelt es sich nicht um Wissen, sondern um Anschauen, nicht um die Erscheinungen, sondern um die Ideen; das Genie liest im „Buch der Welt", der Gelehrte in den „Büchern";¹) Fleiss fördert die Gelehrsamkeit, aber nicht die geniale Anschauung, denn der beste Wille ist ohnmächtig, wenn der Intellekt selbst es nicht durchsehen kann, dass er für Augenblicke allmächtig wird. „Der gute Wille ist in der Moral alles; aber in der Kunst ist er nichts: da gilt, wie schon das Wort andeutet, allein das Können" ²). Anders bei dem klugen oder „eminenten" Kopf, bei dem nicht nur keine Trennung von Intellekt und Willen, sondern eine doppelt starke Vereinigung beider stattfindet; denn hier wird der Wille durch die Erscheinungen immer von neuem angeregt, den Intellekt zur Erforschung der Relationen zu gebrauchen, die gerade der Genius hinter sich lässt. Denn, soll im Genie der Intellekt die alleinige Herrschaft gewinnen, so muss er alle Beziehungen der Erscheinungen zum Willen, die unter dem Satze des Grundes stehen, vernachlässigen, und darin besteht zugleich der Mangel des Genies. Ueber das, was er sieht, vergisst das Genie den ganzen Zusammenhang der Dinge; es schwelgt im Anschauen der Idee und gewohnt, sich selbst als Individuum und seine Beziehungen zu den anderen zu verlieren im Suchen, Anschauen und Nachbilden der Objekte der Kunst, kann das Genie das Opfer von Gefahren werden, die der nüchtern verständige Mensch leicht umgangen hätte, da bei diesem der Intellekt stets zur Hilfe bereit war für den Willen und der Wille für den Intellekt.

Der Nüchterne sieht in allen Dingen nur was sie ihm sein können, während der Geniale späht, was sie in Wahrheit sind; darin liegt der ganze Unterschied zwischen beiden, zugleich aber auch die gefährliche Aehnlichkeit, die das Genie

---

1) Werke Bd. VI, S. 527.
2) Werke Bd. III, S. 439.

mit dem Wahnsinn hat. Dass aber auch das Bewusstsein der eigenen Genialität und ihrer Verwandtschaft mit dem Wahnsinn, sehr nachteilige Folgen haben kann, das belegte Schopenhauer nicht in seiner Lehre, aber in den vielen kleinen, an Verrücktheit grenzenden Absonderlichkeiten seines Lebens mit schlagenden Beweisen.[1])

Wir haben gesehen, dass, je mehr die Erkenntnis abhängig ist vom Satze des Grundes, sie umsomehr dem Genius widerstreitet, woraus es eine einleuchtende Folge ist, dass die Wissenschaft, in der die Phantasie ganz an Ketten liegt, und nur Gedächtnis und ruhige Logik arbeiten und bis zum äussersten angespannt werden: Die **Mathematik** als Produkt des **nüchternsten** Verstandes, der direkte Gegenpol der Kunst als des Produkts der Genialität sein muss. Ohne **Phantasie** ist die Genialität unmöglich; denn diese dient ihr als Werkzeug und bringt stets die geforderten Bilder zu neuer lebendiger Anschauung.

Die **Mathematik** aber ist gänzlich phantasielos; hier wird die Phantasie nur als Bürde empfunden, und der Kopf, der sie **nicht** hat, wird tauglicher zu dieser Wissenschaft sein. Die Phantasie sucht bald nach Erscheinungen, die würdig ihrer Betrachtung und Verknüpfung, bald nach Individuen, die würdig des Umgangs sind, die aber das Genie oft so vergebens sucht, wie ein verschlagener Robinson; „und dabei neckt ihn ewig die Täuschung, dass er von weitem einen Affen für einen Menschen ansieht"[2]). Die Phantasie ist aber nicht nur dem Genie eigentümlich, noch viel weniger mit ihm zu identificieren; auch ungeniale Menschen besitzen sie oft, die sie dann aber zum Bau von Luftschlössern statt zur Erkenntnis der Ideen zu benutzen pflegen; aber dem Genialen ist sie unentbehrlich, da sie seine Welt erweitert und ihn in den Dingen das erkennen lehrt, was die Natur aus ihnen bilden wollte, während der Phantasielose nur sieht, was die Dinge in beständigem Kampf des Willens geworden s i n d.

---

1) Vgl. hierzu W. Gwinner: Schopenhauers Leben. a. a. O. S. 399 ff.
2) Nachlass S. 359.

Durch die Phantasie stellt sich der Geniale im Geiste das von der Natur Gewollte wieder her und hält es fest, verkörpert es in seinen Werken; er hat die Natur verstanden, ohne je von ihr selbst durch Vorführung ihrer gelungensten Erzeugnisse oder Exemplare belehrt worden zu sein. Seine Werke sind daher auch natürlich, reden eine verständliche Sprache zu uns und stehen im schroffsten Gegensatze zu den Angstprodukten des kümmerlichen Pedanten, der, sich an alles Unwesentliche mit sklavischer Treue klammernd, es in der Kunst selten weiter bringt, als zu „leblosen, steifen Aftergeburten" [1]). Wie also die Phantasie, die nur derjenige besitzt, „dessen anschauende Gehirnthätigkeit stark genug ist, nicht jedesmal die Erregung der Sinne zu bedürfen, um in Aktivität zu geraten",[2]) dem Genie das Wesen der Dinge oder die ihnen zu Grunde liegenden Ideen deutlicher erscheinen lässt, ebenso beleuchtet ihn der Intellekt, sobald er in den alten Dienst des Willens zurückgetreten ist, um so greller alle die widerwärtigen Verhältnisse, denen er sich für Augenblicke nur zu gern entzog. Daher kommt jener melancholische Zug, der allen genialen Menschen eigen ist, sobald sie aus der Welt reiner Anschauung in das Leben und all seine Relationen zum Willen zurückkehren; nur in objektive Anschauung verloren, zeigt sich „auf der Stirne des Genies eine Heiterkeit eigener Art" [3]), eine sinnige Heiterkeit, die Schopenhauer mit dem schönen Motto Giordano Brunos charakterisiert: „in tristitia hilaris, in hilaritate tristis" [4]).

Was bei dem Kinde noch das Natürliche war, dass die Erkenntniskräfte, die in der noch in allen Beziehungen neuen Welt reichen Stoff zur Entfaltung finden und weitaus mächtiger sind, als die Begehrungen und Bedürfnisse, ist bei dem Erwachsenen nicht mehr gewöhnlich. Mit der Entwicklung des Genitalsystems, das als Brennpunkt des Willens Gegenpol des Gehirns, des Sitzes des Intellekts ist, tritt der Wille mit seinen Begierden in den Vordergrund, und Unschuld, wie das mit ihr verbundene ruhige Glück, die im Uebergewicht des Erkennens

---
1) Werke Bd. II, S. 72.
2) Werke Bd. VI, S. 639.
3) Nachlass S. 355.
4) Werke Bd. III, S. 438.

über das Wollen allein begründet liegen, gehen verloren. Vor der Pubertät hat der Intellekt den grössten Schatz seiner Eindrücke gesammelt; denn weder in dem unruhigen Jünglingsalter, wo der junge Mann sich selbst und seine Begierden nicht verstehend, bald wild erregt ist, bald düster brütet, noch in dem Mannesalter, wo der Intellekt mit Sorgen beladen ist und der Wille mit Bedürfnissen, können Eindrücke mit solchem Eifer gesammelt und so freudig aufgespeichert werden, als in dem Alter der Kindheit, wo das einzelne Ding noch als Vertretung seiner Gattung auftritt, und der junge Intellekt durch diese Erkenntnis der Gattungen sich unbewusst dem Verständnis der Schönheit nähert, die der Idee der Gattung entspricht. Aber von all dem, was als dunkles Gefühl im Jüngling drängt und was den Mann als bewusster Wunsch oder Sorge bedrückt, macht sich das Genie in Augenblicken der Weihe frei und diese seine Kraft verleiht ihm die Aehnlichkeit mit dem Kinde, mit dem es auch die aus dieser Kraft entspringenden Mängel teilt. Was bei anderen Menschen nur in der ersten, kürzesten und glücklichsten Lebensperiode stattfand, erhält sich bei dem Genie durch das ganze Leben, das „Ueberwiegen des sensiblen Systems" [1]) über den Willen. So trifft das Genie sein verjüngtes Bild in den Kindern, aber seinesgleichen findet es selten, und die Toleranz, die es den Nebenmenschen gegenüber wahrt, ist, wie Schopenhauer sagt „wohl immer das Kind der grössten Menschenverachtung" [2]). Der melancholische Zug im Genie ist mit bedingt durch das Gefühl der Einsamkeit. Dieses drückende Gefühl, einsam zu sein mitten in dem Getriebe der Welt, zusammen mit dem seligen Gefühl, in reiner Anschauung, diese Welt vergessen zu dürfen, ist der Berührungspunkt von Genie und Wahnsinn, für deren nahe Verwandtschaft, die schon von Plato behauptet wurde, Schopenhauer ein vollendetes Beispiel in Goethes Torquato Tasso [3]) findet.

Mit dem Wahnsinn hatte sich Schopenhauer frühe beschäftigt und seine Ansicht hatte sich, besonders im Gegensatz zu

---

1) Vgl. Werke Bd. III, S. 453.
2) Nachlass S. 359.
3) Vgl. Werke Bd. II, S. 225 u. Bd. III, S. 443.

der Fichteschen, die im Wahnsinn einen tierischen Zustand sehen wollte, herausgebildet. Schopenhauer lehrt, dass der Wahnsinnige — hierin allerdings wie das Tier — die Gegenwart und seine Beziehungen zu derselben erkennt, während ihre Relationen zu der Vergangenheit durchschnitten sind; diese selbst ist verwischt im Gedächtnis oder an einzelnen Stellen mit Fiktionen ausgefüllt, aus denen der Wahnsinn immer mehr seine Konsequenzen für die Gegenwart in Stimmungen und Handlungen zieht, die zu der wirklichen Vergangenheit des betreffenden Kranken nicht passen. So trifft also der Wahnsinn in erster Linie das Gedächtnis. Wenn wir uns nun vergegenwärtigen, dass Schopenhauer bei dem Genie immer betonte, dass es, abhold allen Wissenschaften, die an das Gedächtnis grosse Anforderungen stellen, vor allem also der Mathematik, sich über die Relationen — das ist aber der Stoff des Gedächtnisses — zu erheben sucht zur reinen Anschauung, so ist die Verwandtschaft, die er zwischen Genie und Wahnsinn findet und in den Irrenanstalten bewiesen sieht, schon aus seiner Lehre vom Genie einleuchtend. Am deutlichsten spricht er sich hierüber in einer kurzen Bemerkung im Nachlass aus, wo er sagt: „Zwischen dem Genie und Wahnsinn ist die Aehnlichkeit, dass sie in einer anderen Welt leben, als die für alle vorhandenen." Seine Ausführung, dass häufig heftiges geistiges Leiden Veranlassung des Wahnsinns werde, indem der Wille zum Leben lieber die Zerstörung des Intellekts als des Leibes zulässt, wird von den modernen Psychiatrikern verdammt, da sie es als erwiesen erachten, dass Wahnsinn ohne angeborene Anlage unmöglich ist. Dass bei **genialen** Menschen dann grosses geistiges Leiden leichter zum Wahnsinn führt, als bei dem nüchternen Praktiker, (immer vorausgesetzt, dass erbliche Anlage da war) das ist allerdings ein weiterer Beweis für Schopenhauers Lehre vom **Genie**, aber nicht für seine Lehre vom Wahnsinn.

Bei dem, was unser Philosoph über das Aussehen des Genies sagt, ist am deutlichsten zu erkennen, dass er sich selbst immer vor Augen hatte. „Von einem geistreichen Aussehen ist auf Geist um so sicherer zu schliessen, je hässlicher das Gesicht ist", sagte er[1]), und das Geistreiche suchte

---
1) Werke, Bd. II, S. 67. Anmerkung.

er in der oberen Hälfte des Gesichts, in der hohen Stirn, die schon bedingt ist durch die Ausdehnung der Gehirnmasse und in dem Auge, aus welchem der Intellekt blitzt, während die untere Hälfte des Gesichts, der tierische Teil, den Willen zum Ausdruck bringt. So liegt in dem Antlitz des gewöhnlichen Menschen niemals ein Abglanz jener Heiterkeit, welche im Anschauen derIntellekt erzwingt, und die Schopenhauer in einem prächtig durchgeführten Bilde mit der Heiterkeit des meist bewölkten Montblancs vergleicht [1]).

Die Energie des Herzschlags, welche nach Schopenhauer bei dem Genie sehr ausgeprägt sein muss, wird befördert durch eine kleine Statur mit kurzem Hals, welche den Weg des Blutes vergrössert. Auch hierbei hat er sich selbst im Sinn, giebt aber sofort, um dem Zweifel des Lesers rasch zu begegnen, die Ausnahmen zu, für die vor allem Goethes ebenmässig schöne Gestalt als Beispiel erscheinen musste. Auch widerstreitet seine Lehre von der Statur und kurzem Hals des Genies, dem, was er an einer anderen Stelle [2]) über den Apollo von Belvedère sagt, der ihm eben deshalb den „menschlichen Vorzug im höchsten Grade" nämlich den Sieg des Erkennens über das Wollen darzustellen scheint, weil das „weitumherblickende Haupt" so „frei auf den Schultern steht".

Goethe dient ihm für seine Lehre von der Erzeugung des Genies und der Vererbung als willkommenes Beispiel, da gerade dieser in der bekannten kurzen Selbstcharakteristik für sich in Anspruch nahm, was Schopenhauer für das Genie überhaupt lehrte. „Borniert und lächerlich", sagt Schopenhauer, [3]) „ist es, nicht darauf sehen zu wollen, wessen Sohn einer ist." Gehirn und Nervensystem folgen in ihrer Beschaffenheit der Mutter, von der also der Mensch den Intellekt erbt, während vom Vater, als dem zeugenden Prinzip der Wille stammt, d. h. Charakter und Neigung, was Schopenhauer auch dadurch erklärt, dass der Coitus hauptsächlich Sache des Mannes ist, der dann dem neuentstehenden Individuum den Willen mitgiebt, während die

---

1) Werke Bd. III, S. 438.
2) Werke Bd. II, S. 209.
3) Werke Bd. VI, S. 276.

Schwangerschaft des Weibes zeigt, dass sich der Intellekt wieder zum Willen gefunden hat. Die erstere Vererbung ist weniger leicht nachweisbar, da die Grösse des Intellekts der Mutter nie so bekannt wird, wie die des Sohnes, aber viele Beispiele sind Belege dafür. Bei der Mutter kann auch nach Schopenhauers Ansicht der lebhaftere Herzschlag gefehlt und sich dadurch ein scheinbar untergeordneter Intellekt gezeigt haben, während doch der geniale Sohn, bei dem noch der Herzschlag des Vaters hinzutritt, den seinigen von ihr geerbt hat. Erst die richtige Mischung der von beiden Teilen ererbten Kräfte, die bei der Zeugung noch ungeschwächt sein müssen, enthält die somatische Bedingung der Genialität.

3. Das „ästhetische Wohlgefallen".

Im Voranstehenden haben wir auf Grund der Schopenhauerschen Lehre das Genie von seinem innersten Wesen bis zu der äusserlichen Form seiner Erscheinung verfolgt und in ihm mit dem Philosophen das Subjekt der Kunst gesehen, oder richtiger das Subjekt κατ' ἐξοχήν; denn wäre nicht in jedem Menschen, wenn auch weniger intensiv, die Kraft, sich zu reiner Anschauung zu erheben, so wäre das Werk des Genies nur seinem Schöpfer zugänglich. Das ist es aber nicht; vielmehr ist es als Abbild der Idee leichter für den gewöhnlichen Menschen zugänglich als die Idee selbst, denn der Künstler hat im Kunstwerk bereits die Idee rein und unverfälscht wiederholt, wie sie sein kräftiger Intellekt nach Unterwerfung des Willens erkannte und wie sie dann der wieder ins Bewusstsein tretende Wille zum Zweck der Mitteilung darstellen half.

Hier berührt sich Schopenhauers Lehre mit Schillers Ausspruch: „Das Erhabene, wie das Schöne ist durch die ganze Natur verschwenderisch ausgegossen und die Empfindungsfähigkeit für beides in alle Menschen gelegt; aber der Keim dazu entwickelt sich ungleich und durch die Kunst muss ihm nachgeholfen werden."[1]

---

1) Histor.-krit. Ausgabe, Bd. X, S. 222.

Die Idee ist also nach Schopenhauer aus dem Kunstwerk leichter zu erkennen als aus der Natur selbst, da ein Kunstwerk uns, vom einzelnen Individuum wegleitend, der Idee schon nähert, indem es uns nicht eine lebendige Erscheinungsform, sondern die Form erkennen lässt. Hieraus leitet dann Schopenhauer den Satz ab, dass im Kunstwerk die Form ohne die Materie, wie in der Natur, oder nur der Schein der Form, wie im Gemälde, zu geben sei, und daher Wachsfiguren verworfen und Kupferstiche höher als Oel- oder Aquarellbilder geachtet werden müssen.

Ein Genie ist mithin nach Schopenhauer derjenige, dessen Intellekt an Kraft so sehr den Willen übertrifft, dass er, diesen hinter sich lassend, sich zu reiner Anschauung erheben und die geschauten ewigen Ideen durch die ihm eigene Besonnenheit in einem Werke wiederholen kann. Dieses Werk ist ein Kunstwerk, hervorgegangen aus der Erkenntnis der Ideen und bestimmt zu ihrer Mitteilung. Ein Genie zu messen, sollen nicht alle Werke herbeigezogen werden, vielmehr müssen diejenigen, welchen die Schwäche der menschlichen Natur anhaftet, unbeachtet bleiben bei seiner Beurteilung; gilt es doch die Höhe zu messen, nicht die Breite.

Die Kunst will nicht nützlich sein. Denn was kann es nützen, Ideen mitzuteilen, welche sich doch nie unverfälscht im Leben zeigen werden? Sie will vielmehr uns aus dem beständigen Hasten und Drängen des Lebens hinausführen und in der ästhetischen Betrachtung einen kurzen „Sabbath der Zuchthausarbeit des Wollens"[1]) gewähren. „Das Leben ist nie schön", sagt Schopenhauer, „sondern nur die Bilder des Lebens sind es im verklärenden Spiegel der Kunst und Poesie":[2]) ganz diesem Ausspruch entsprechend ist seine Lehre von der ästhetischen Betrachtung. In ihr begegnet sich das reine, vom Willen getrennte Objekt, die Idee und das reine willenlose Subjekt, der ästhetisch betrachtende Mensch. Wenn dieser so ganz aus dem eigenen Individuum heraustritt in einen willenlosen Zustand, den er entweder durch eigene Kraft erreicht, oder zu dem ihm ein Kunstwerk des Genies verholfen hat, dann kommt

---

1) Werke Bd. II, S. 231.
2) Werke Bd. III, S. 428.

eine Ruhe über ihn, er fühlt die reine Objektivität oder fühlt sie dem Künstler nach, der diese ewigen Ideen selbst sah und nachbildete. Das ist das „ästhetische Wohlgefallen".

Kant hatte das ästhetische Wohlgefallen von allen anderen Arten des Wohlgefallens nicht ästhetischer Art geschieden und ausgeführt: durch ein Interesse, dessen Grund entweder pathologisch in einer Annehmlichkeit oder moralisch in dem Guten zu suchen ist, wird jedes nicht ästhetische Wohlgefallen bestimmt. Das ästhetische Wohlgefallen aber gründet sich auf ein Gefühl von Lust, welches die Erkenntnis zu fördern nicht imstande ist, und in einer Betrachtung wurzelt, die interesselos, d. h. frei vom Willen ist; denn die Existenz des von uns in ästhetischer Betrachtung „schön" befundenen Gegenstandes ist gleichgiltig für unseren Zustand. Das Vermögen aber, einen Gegenstand oder eine Vorstellung ohne alles Interesse nur nach dem Vergnügen, das er verspricht, durch ein Wohlgefallen und die Mitteilbarkeit der damit verbundenen Gefühle zu beurteilen, nennt Kant Geschmack.

Wenn also Schopenhauer in der ästhetischen Betrachtung eine willensfreie Betrachtung sieht, so hat er diesen Gedanken von Kant in seine Lehre herübergenommen.

Mit der subjektiven Bedingung der Loslösung des Intellekts vom Willen tritt nach Schopenhauer zugleich die objektive ein, die in der intuitiven Auffassung der platonischen Idee" [1]) besteht. Die subjektive Bedingung erlöst alle Individuen von sich selbst, und es ist, wie Schopenhauer in einem Beispiel ausführt, gleichgiltig, „ob das schauende Auge einem mächtigen König oder einem gepeinigten Bettler angehört. Denn weder Glück noch Jammer wird über jene Grenze mit hinübergenommen [2]).

Das Wollen wird nie gestillt und die einzige Erholung in ihm ist uns gegeben im anschauenden Genuss des Schönen oder der platonischen Idee. Denn schön ist und heisst nach Schopenhauer nichts als das „deutlich hervortretende Anschauliche, mithin der deutliche Ausdruck bedeutsamer platonischer

---

1) Werke Bd. II, S. 235.
2) Werke Bd. II, 232.

Ideen", die nur der über den Willen erhabenen Anschauung, nicht dem Auge sichtbar sind. Etwas ähnliches spricht Lessing aus, wenn er im Laokoon[1]) sagt: „Was wir in einem Kunstwerke schön finden, das findet nicht unser Auge, sondern unsere Einbildungskraft durch das Auge schön." Da aber „deutlich" doch wohl soviel ist, wie „allgemein verständlich" also ein deutlicher Ausdruck, hier ein allgemeines Wohlgefallen, erregen muss, so gilt hier auch der Satz aus der Ankündigung zur „Hamburgischen Dramaturgie" vom 22. April 1767: „Der wahre Geschmack ist der **allgemeine**, der sich über Schönheiten von jeder Art verbreitet, aber von keiner mehr Vergnügen und Entzücken erwartet, als sie nach ihrer Art gewähren kann". Die kantische Definition, dass das Schöne das **allgemein** Gefallende ist, hat Schopenhauer nur umschrieben.

Wie Kant in der Analytik des Schönen, dem ersten Abschnitt der Kritik der ästhetischen Urteilskraft, ausführt, ist **schön**, was ohne alles Interesse (Qualität), ohne Begriff allgemein (Quantität), ohne Vorstellung eines Zwecks (Relation) **notwendig** (Modalität) gefällt.

Dieses Geschmacksurteil, welches nur in Beziehung auf Lust und Unlust gefällt wird, darf im Unterschied von den beiden anderen Urteilen über Verhältnisse der Vorstellung zum Gefühl von Lust und Unlust (den Urteilen über das Angenehme, das auch für die vernunftlosen Tiere gilt, und über das Gute, das Objekt des moralischen Wohlgefallens ist) kein Bedürfnis voraussetzen: es muss ein **uninteressiertes**, freies sein. Wenn aber das Wohlgefallen, in dem sich der Urteilende völlig frei fühlt, ohne alles persönliche Interesse ist, dann muss es ein **allgemeines** sein, d. h. da weder nach Analogie früherer Urteile, noch für mich allein zu urteilen erlaubt ist, und das Urteil „schön" sich nicht auf Grund bestimmter Regeln und Begriffe abgeben lässt, so wird ein Urteil ohne Begründung auf einen Begriff, also kein logisches, sondern ein ästhetisches und ein Urteil nicht für mich allein, sondern von subjektiver Allgemeingiltigkeit gefordert. Das Gefühl der Lust ist hier also mit bedingt durch

---

1) Lessings Laokoon herausgegeben u. erläutert von Hugo Blümner. II. Aufl., Berlin 1880, S. 136.

die Freude an der allgemeinen Mitteilbarkeit der nicht durch Begriffe eingeengten Empfindung, die besteht in der Anregung des Verstandes und der Einbildungskraft durch die gegebene Vorstellung zu einem Ineinander- und Miteinanderwirken, wie es jede Erkenntnis verlangt. Einen allgemeinen, nicht äusseren, sondern aus dem Spiel der Erkenntniskräfte hervorgehenden Sinn (Kant nennt ihn den „Gemeinsinn") setzt die allgemeine Mitteilbarkeit voraus, der jedes Geschmacksurteil zur allgemeinen Regel macht. Diesen „Gemeinsinn" braucht Schopenhauer in seiner Aesthetik nicht vorauszusetzen; für ihn besteht die ästhetische Betrachtung darin, dass sich der Intellekt frei macht vom Willen — was ihm ja nach seiner Stärke im einzelnen Individuum bald weniger, bald mehr und selten nur im Genie völlig gelingt; dann sind wir objektiv in der Betrachtung und sehen nicht das Einzelding, sondern die Ideen, deren getrübte Erscheinung es ist. Das Schöne besteht somit aus zwei Elementen, deren eines eigentlich das andere bedingt, aber da dieses erste Element in der intellektuellen Kraft des Beschauers selbst wurzelt, ist die Wirkung des Schönen auf die verschiedenen Beschauer eine verschiedene.

Was einmal schön ist, bleibt es, wie schon aus der Schopenhauerschen Definition des Schönen hervorgeht, ewig; denn die Ideen ändern sich nicht, sie kennen keine Moden und müssen, in Kunstwerken vom Genie wiederholt, ohne den „Präambel einer Kunstgeschichte" verstanden werden. Dasselbe, was Schopenhauer hier für alle Künste ausspricht, verlangt Schiller von der Dichtkunst, wenn er sagt:[1]) Die Poesie soll ihren Weg nicht durch die kalte Region des Gedächtnisses nehmen, soll nie die Gelehrsamkeit zu ihrer Auslegerin, nie den Eigennutz zu ihrem Fürsprecher machen."

Das Verständnis, die erreichte Objektivität ist nach Schopenhauer der Ruhepunkt, und dieser Ruhepunkt ist entweder unmittelbar durch die Kraft des eigenen Intellekts oder durch die Vermittlung der Kunstwerke zu gewinnen. Aber diese vermittelten Ideen können nicht jedem in gleicher Weise als schön, d. h. als deutliche Ideen erscheinen, sondern sie reden eben zu

---
1) „Vom Erhabenen." Histor.-krit. Ausgabe S. 174.

jedem die Sprache, die er nach Massgabe des ihm zugeteilten Intellekts versteht; daher es nach Schopenhauer durchaus nicht notwendig ist, dass das Schöne allgemein gefällt, was bei Kant zur Definition gehörte, sondern gerade die grössten Kunstwerke, die herrlichsten Darstellungen der Ideen müssen „der stumpfen Majorität ewig verschlossene Bücher bleiben."

Auch an dieser Stelle der Schopenhauerschen Kunstlehre merkt man deutlich seine Verstimmung über die Nichtbeachtung seiner Person und seiner Werke heraus. Man durchschaut es leicht, dass er sich selbst im Auge hat, wenn er von denen spricht, die von der Menge „durch eine weite Kluft getrennt, gleichwie der Umgang der Fürsten dem Pöbel unzugänglich ist" [1]) und dass er sich zu den „wenigen urteilsfähigen Köpfen" rechnet, „die einzeln und sparsam in den Jahrhunderten erscheinen." [2])

Zum Anerkennen des schon von anderen Anerkannten ist eine viel geringere Kraft des Intellekts erforderlich, als dazu die Bedeutung der Kunstwerke, denen noch keine Autorität zur Seite steht, sofort und vor den Anderen wahrzunehmen.

Die Natur selbst erleichtert uns die Objektivität; die senkrecht emporstrebende Pflanzenwelt erfreut uns dadurch, dass sie des Gesetzes der Schwere zu spotten scheint; ebenso lässt das Wasser durch seine Beweglichkeit seine unorganischen Charakter vergessen, und beide erfreuen durch die auf ihren Teilen sich verschieden darstellenden Wirkungen des Lichtes, das als erfreulichstes Lebensprinzip zur Schönheit nie fehlen darf. In diesen Ausführungen sagt Schopenhauer scheinbar merkwürdigerweise: „Auffallend ist es zu sehen, wie die vegetabilische Natur, selbst die alltäglichste und geringste, sogleich sich schön und malerisch gruppiert und darstellt, sobald sie nur dem Einfluss der Menschenwillkür entzogen ist"; [3]) diese Behauptung ist aber gerade nach seiner Lehre gar nicht auffallend, denn im Anschauen einer der menschlichen Kultur entrückten Gegend ist eben kein Punkt oder Gegenstand, an dessen Betrachtung anknüpfend der Wille sich seiner Relationen

---
1) Werke Bd. II, S. 276.
2) Werke Bd. II, S. 279.
3) Werke Bd. VI, S. 459.

wieder bewusst werdend, zur Herrschaft kommen könnte. Wir geniessen die reine Betrachtung, und wenn der Intellekt wieder in den Dienst des Willens zurückgekehrt ist, reflektiert er, dass sich alles sogleich „schön und malerisch darstellt, sobald es nur dem Einfluss der Menschenwillkür entzogen ist."
Der **subjektive Teil** des ästhetischen Wohlgefallens beruht also bei Schopenhauer auf der Freude an der willensfreien Anschauung, die natürlich auch für den minder kräftigen Intellekt erleichtert wird durch eine deutlichere Gestaltung der Idee an ihren Erscheinungen, sodass besonders die organische Natur diese anschauliche Erkenntnis zu fördern im Stande ist. Die Ideen selbst sind, wenn sie individualisiert uns entgegen zu kommen scheinen, und dieses Entgegenkommen zugleich mit der Anspannung unseres Intellekts das ästhetische Wohlgefallen erzeugt, das, was wir das **Schöne** nennen. Auch den Unterschied des Natur-Schönen oder der schönen Dinge und des Kunst-Schönen oder der schönen Vorstellung von einem Dinge, den Kant mit grosser Liebe in seiner Aesthetik durchgeführt hat, wobei er das Verhältnis des Moralisch-Guten zu beiden berührt und eine Verwandtschaft zwischen der Freude an der Natur-Schönheit und dem Interesse am Sittlich-Guten findet, kommt Schopenhauer nur beiläufig in den einzelnen Künsten zu sprechen. In Natur und Kunst bilden für ihn die uns entgegenkommenden Ideen, als Ausdruck der Stufen der Willensobjektivation, das Schöne. Wenn aber jene induvidualisierten Ideen zu dem vom Intellekt besiegten Willen und zu seiner Objektität in einem drohenden oder gefährlichen oder „feindlichen" Verhältnis stehen, dann erzwingt der Wille nicht wieder die Herrschaft über den Intellekt, um seine Objektität, den Leib, vor Gefahr zu schützen, sondern mit vollem Bewusstsein wendet sich die Anschauung von diesen Verhältnissen ab und im stolzen Gefühl, sich erhoben zu haben über die Relationen zu dem eigenen Individuum, weiss sich der Intellekt erhaben und überträgt diesen seinen Zustand auf die ihn veranlassenden Objekte. Diese nun werden im Gegensatz zu den bloss **schönen** als **erhaben** bezeichnet.

In dieser Erklärung des „Erhabenen" baut Schopenhauer im Sinne der eigenen Lehre nur die kantische Lehre aus. Kant hatte die Gründe zum Erhabenen zuerst allein in der Denkungsart des Betrachtens gesucht und gefunden, dass die Freude am Schönen in ruhiger Kontemplation des Gemüts beruht, während das Gefühl des Erhabenen das Gemüt mächtig bewegt. Die Einbildungskraft, die in Auffassung und Zusammenfassung arbeitet, ist dem erhabenen Gegenstand nicht gewachsen, da ihr bei Betrachtung des „Mathematisch-Erhabenen" der schon gross angenommene Massstab immer wieder klein vorkommt und bei Betrachtung des „Dynamisch-Erhabenen" ihre Macht zur unbedeutenden Kleinigkeit herabsinkt und sie sich doch wieder erhebt zu den Bildern, in denen das Gemüt zugleich die eigene Erhabenheit über die Natur fühlt. „Also ist", lehrt Kant, „die Erhabenheit in keinem Dinge der Natur, sondern nur in unserem Gemüt enthalten; so ferne wir der Natur in uns und dadurch auch der Natur (sofern sie auf uns einfliesst) ausser uns, überlegen zu sein, uns bewusst werden können."[1]

Wenn wir für „die Natur in uns" mit Schopenhauer den Willen setzen, so sehen wir deutlich, wie Schopenhauer hier aus Kant hervorgeht. Auch er setzt den Unterschied zwischen der Wirkung des Schönen und der des Erhabenen in das Gemüt des Beschauers, das beim Anblick des Schönen in reiner (Kant sagt „ruhiger") Kontemplation verharrt; beim Anblick des Erhabenen aber findet der Kampf zwischen Willen und Intellekt statt. Schiller hatte in seiner ausdrücklich als „weitere Ausführung einiger kantischer Ideen" bezeichneten Abhandlung „Vom Erhabenen", die 1793 in der neuen Thalia erschien, für dynamisch-erhaben und mathematisch-erhaben die Ausdrücke „praktisch-erhaben" und „theoretisch-erhaben", die ihm deutlicher, weil die Erschöpfung der Sphäre des Erhabenen kennzeichnend, erschienen, gewählt und behauptet: die Natur als Objekt der Erkenntnis im Widerspruch mit dem Vorstellungstrieb ist das Theoretisch-Erhabene; die Natur als Objekt der Empfindung im Widerspruch mit dem Erhaltungstrieb ist das Praktisch-Erhabene. Der Erhaltungstrieb ist aber nichts anderes als der Wille zum Leben bei Schopenhauer, sodass sich die Definition des Praktisch-Erhabenen bei Schiller fast mit der des Dynamisch-Erhabenen bei Schopenhauer deckt. Die persönlichen

---
[1] Bd. IV, S. 122.

Willensbeziehungen müssen nach Schopenhauers Lehre hinschwinden beim Anschauen des Erhabenen, aber die Erinnerung an den allgemeinen menschlichen Willen, wie er sich im eigenen Leib objektiviert hat, wird mit Bewusstsein festgehalten.

Aus einem **subjektiven** und einem **objektiven** Teil setzt sich die Vorstellung des Schönen, wie des Erhabenen zusammen, sodass es also seiner eigenen Lehre zuwiderläuft, wenn Schopenhauer in seinen Vorlesungen gesagt hat: „Die Nacht ist an sich erhaben"[1]). Die Zusammensetzung der beiden ästhetischen Kontemplationen ist die gleiche, aus einem objektiven und einem subjektiven Teil; in einer blossen Modifikation der subjektiven Seite liegt ihr Unterschied. Denn die Objekte sowohl des Schönen, wie des Erhabenen sind die Objektivation des Willens auf verschiedenen Stufen, die Ideen, deren Anschauung — die vollkommene Objektivität — auf zwei Wegen erreicht wird: entweder schwindet im betrachtenden Subjekt der Wille kampflos hin, dann nennen wir das Objekt der Betrachtung **schön**; oder der Intellekt erhebt sich im Kampfe mit dem Willen über diesen und dann nennen wir die Objekte **erhaben**. Das Erhabene lässt natürlich Grade zu und nackte Felskolosse, die, von Stürmen umfaucht, emporstreben zum dunkeln Nachthimmel, an dem mit grellen Blitzen und tausendfach widerhallendem Donner ein Gewitter hinjagt, werden auch dem weniger kräftigen Intellekt die Anschauung des Erhabenen schneller und deutlicher übermitteln, als das Licht der Wintersonne, das ohne Wärme, welche als erste Lebensbedingung sonst immer mit dem Licht verbunden in direkter Beziehung zum Willen steht, von den weissen Massen architektonischer Werke zurückstrahlt.

Auf die Grade des Erhabenen hatte auch bereits Kant hingewiesen, und das geringere Verständnis für das Erhabene, welches hierin leicht nur als Abschreckendes erscheint, durch die geringere Entwickelung sittlicher Ideen erklärt. Schopenhauer erklärt es durch das Verhältnis vom Wille und Intellekt; ist letzterer stark genug, so wird das Erhabene seine Wirkung nicht verfehlen; ist er aber zu schwach zur Besiegung des Willens, so wird der Beschauer vom Erhabenen nur den furcht-

---

1) Nachlass S. 361.

baren und schrecklichen Eindruck haben, den Kant einem Mangel an Kultur zuschreibt.

Den direkten Gegensatz zum Erhabenen bildet nach Schopenhauer das „Reizende". Tritt im Anschauen des Erhabenen dem reinen Erkennen der gebrochene Wille im Bild entgegen, so wird er beim Anblick des Reizenden mit Absicht aufgestachelt und nahe Befriedigung seiner heissen Begierden ihm vorgespiegelt. Aus dem Reiche reiner Anschauung also, in dem das Erhabene herrscht, zieht das Reizende den Betrachter herunter in die gemeine Sphäre des Willens und vernichtet dadurch alle ästhetische Betrachtung. Einerlei ist es hierbei, ob das Reizende als „Positiv-Reizendes" oder als „Negativ-Reizendes" auftritt. Im ersten Falle regt es die Begierden des Wollens auf, im zweiten führt es als das „Ekelhafte", in dem auch Kant und mit ihm Schiller das Einzige sieht, das in seiner Hässlichkeit alle Kunstschönheit vernichten kann, den Abscheu des Nichtwollens herbei. Schopenhauer sagt also: Das Reizende verdirbt die ästhetische Betrachtung durch seinen Appell an den Willen; Kant hatte gesagt: „Alles Interesse verdirbt das Geschmacksurteil" und „der Geschmack ist jederzeit noch barbarisch, wo er die Beimischung der Reize und Rührungen zum Wohlgefallen bedarf", und hatte dann das von Reiz und Rührung unbeeinflusste Geschmacksurteil „reines Geschmacksurteil" genannt. Das, was Kant hier „Interesse" nennt, ist bei Schopenhauer „Wille" geworden. Der Gegensatz zwischen Erhabenem und Reizendem ist neu, die Definition des Reizenden aber nur Umbildung der kantischen Lehre in seinem Sinne.

Bei Einteilung des Erhabenen folgt Schopenhauer, wie er selbst zugiebt, dem Vorgange Kants und führt als Beispiel des Mathematisch-Erhabenen den gestirnten Himmel mit seinen zahllosen Welten, als Beispiel des Dynamisch-Erhabenen kahle Felsmassen und das sturmgepeitschte Meer an. Dagegen behauptet er, „in der Erklärung des inneren Wesens jenes Eindrucks ganz von ihm abzuweichen, und weder moralischen Reflexionen noch Hypostasen aus der scholastischen Philosophie einen Anteil dabei zuzugestehen."[1]) Dies ist jedoch nicht ganz richtig. Schopenhauer hängt nämlich in dieser Lehre vom Erhabenen

1) Werke Bd. II, S. 242.

mehr von Kant ab, als er glauben machen will und vielleicht auch selbst glaubt, erklärt aber allerdings den Eindruck des Erhabenen auf den Beschauer in seinen verschiedenen Graden aus Natur und Verhältnis von Wille und Intellekt, und nicht wie Kant, aus sittlichen Ideen. Schiller führt als Grund dafür, dass das Praktisch-(Dynamisch)-Erhabene, auf dem der Schwerpunkt seiner Lehre vom Erhabenen ruht, uns im Furchtbaren der Natur entgegentrete und uns doch ein Gefühl der Sicherheit lasse, den Gedanken an die Unzerstörbarkeit unseres Wesens an.

Der Gedanke an die Unzerstörbarkeit unseres Wesens wird bei Schopenhauer zur Erinnerung an den allgemeinen in uns lebenden unzerstörbaren Willen, die uns im Anblick des Erhabenen bleibt. Das also, was bei Schiller „moralische Sicherheit" ist, und als solche Religionsideen verlangt, ist bei unserem Philosophen die auf dem Gefühl der Unvergänglichkeit des Willens in uns beruhende Sicherheit.

In kurzen Bemerkungen führt nun Schopenhauer das Erhabene auf das ethische Gebiet hinüber. Hier kann man aber das erhabene Gefühl nicht als Prädikat „erhaben" auf die Objekte übertragen, sondern nur das Subjekt der Anschauung wird sich als erhabener Charakter darstellen, indem es die Menschen und ihr Thun ganz objektiv anschaut und alle Beziehungen, die ihr Hass, Neid und Hader zu seinem Willen haben mit Bewusstsein hintenansetzt. Doch hatte schon Kant darauf hingewiesen, dass in der selbstgewählten Einsamkeit eines Menschen etwas Erhabenes liegt.

Wenn wir einen Gegenstand in all seinen Relationen zu unserem Willen betrachten, so stellt er sich uns als eine getrübte Erscheinung einer Idee dar; wird er aber ein Objekt unserer ästhetischen, willensfreien Betrachtung, so erblicken wir die reine Idee selbst, unabhängig von allen Relationen, mithin auch ausserhalb der Zeit und des Raums. Wo das Schöne lebt und wann ist für den ästhetisch Betrachtenden ganz gleichgiltig, da seine objektive Anschauung alle Beziehung zu dem schweigenden Willen vergisst. Objektiv anschauen aber kann ich jede Objektität des Willens, mithin ist jedes Ding, sofern es eine Idee darstellt, schön und je mehr das Ding selbst meiner objektiven Anschauung entgegenkommt, desto schöner wird es sein, sei es nun, dass es selbst der Idee, die es darstellt, sehr nahe kommt, oder dass diese Idee im Stufenreich der Willensobjektivation eine hohe Stufe darstellt. Die höchste Stufe ist der Mensch und wie er allein fähig ist, S u b j e k t der Kunst zu sein, so ist er und sein Wesen auch zugleich, was schon Kant betont hatte, das höchste O b j e k t der Kunst.

Aus der platonischen Ideenlehre hat Schopenhauer seine Kunstlehre abgeleitet und sieht sich hier — am Ziele angekommen — im Streit mit seinem Führer. Für Plato war das Objekt der Kunst n i c h t die Idee, sondern das, was Schopenhauer die einzelne Objektität des Willens nennt, das einzelne Ding. Daraus ging die platonische Missachtung der Kunst hervor, die bei Schopenhauer natürlich, da er die ewigen Ideen selbst als Objekte der Kunst erkennt, einer begeisterten Liebe für die Kunst gewichen ist, die auch dem, der noch nicht zur völligen Willensverneinung vorgeschritten ist, einen Ruhepunkt gewährt in den Qualen des Willens.

Der kantischen Einteilung der Künste nach Analogie des menschlichen Ausdrucks durch Wort, Geberde und Ton in redende Künste, bildende Künste und Künste des Spiels der Empfindungen, folgt Schopenhauer nicht. Die Einteilung Kants ist gekünstelt, und u n s e r Philosoph wählt statt der Unterordnung unter Klassenbegriffe eine einfache Nebenordnung nach Wert und Bedeutung der Künste. Die Beredsamkeit, welche Kant zu den „redenden Künsten" zählte, fasst Schopenhauer überhaupt nicht als Kunst, sondern als einen Teil der Technik der Vernunft. Die „Lustgärtnerei", die Kant als eine Art von Malerei mit dieser, der Bildhauerkunst und der Baukunst zu den bildenden Künsten gerechnet hatte, stellt er selbständig mit der bei Kant unerwähnten Wasserbaukunst neben die Architektur. Die Farbenkunst verliert bei ihm ihre Selbständigkeit, die sie bei Kant neben der Musik als zweite Kunst des Spiels der Empfindungen behauptete, wird jetzt ein Erfordernis der Technik der Malerei. Die aufsteigende Reihe seiner Künste beginnt mit der Baukunst und gipfelt in der Musik, welche, seiner Lehre von dem Willen als Ding an sich entsprechend, eine ganz n e u e Deutung und Stellung erhält.

4. Die Lehre von den Künsten.

Die deutlichen Offenbarungen des Willens, die Ideen, sind das grosse Thema der Kunst und hängen durch die Materei mit der Erkenntnisform des Individuums zusammen. In der Materie nur kann die Idee als Individuum erscheinen; deshalb ist auch die Qualität der Materie ästhetisch zu betrachten, d. h. eine in der Qualität sich darstellende Idee ist zu erkennen. Daher werden die niedrigsten Objektitäten des Willens überhaupt diejenigen Ideen sein, die den allgemeinen und unerlässlichen Qualitäten der Materie zu Grunde liegen, und innerhalb der ganzen Kunst wird sich ein Zweig derselben damit zu befassen haben, „diese ersten, einfachsten, dumpfesten Sichtbarkeiten des Willens, Grundbässe der Natur" der reinen Anschauung sichtbar zu machen, nämlich die Baukunst.

A. Baukunst.

Die Baukunst gehört bei Kant zu den bildenden Künsten und zwar, mit der Bildhauerkunst zusammen die Plastik ausmachend, zu den bildenden Künsten der Sinnenwahrheit; als solche stellt sie Begriffe von Dingen, die nur durch Kunstleben, einen Raum dar, nützlich fur einen beliebigen Zweck und dabei ästhetisch. Nach Schopenhauer ist die Aufgabe der Baukunst eine schwierige; denn ihre Werke sollen neben den ästhetischen Zwecken auch den nützlichen, welche sie ja zunächst entstehen lassen, Rechnung tragen. Hier ist es eben Sache des Künstlers, den Tempel wie das Haus erfreulich für den Beschauer und zugleich nützlich für den Bewohner zu errichten, wozu ein richtiges Verständnis für die Zwecke unerlässlich ist. Freilich kann der rein ästhetische Zweck nur darin bestehen, jeden Teil des Ganzen so zu trennen und anzubringen, dass die Unmöglichkeit des Ganzen ohne einen Teil schon dem Beschauer einleuchtet.

So sind die klassischen Bauwerke der Griechen und Römer von vollendeter Schönheit, während im Norden, von der Nützlichkeit eingeengt, die Baukunst von der Sculptur ihren Schmuck borgen musste. Schwere und Cohäsion, Starrheit und Härte sind nach Schopenhauer die Ideen, welche die Architektur deutlich hervortreten lassen soll. Sie erreicht dies dadurch, dass sie den Kampf dieser Kräfte nicht erleichtert, sondern im Verhältnis von Last und Stütze durch Konstruktion vollkommen sichtbar macht, was sich an der ungeordneten Steinmasse nie in solcher Deutlichkeit zeigen kann; Schwere in der Last kämpft mit der Starrheit in der Stütze und so repräsentieren vor Allem Säule und Gebälk, die Schopenhauer daher auch den „Generalbass der ganzen Architektur"[1]) nennt, die tiefsten Stufen der Willensobjektivation im Stein. Die rein geometrischen Beziehungen sind deshalb in der Baukunst durchaus nicht das Wesentliche, — das beweist schon die bedeutend geringere Wirkung, welche das kleine Modell im Vergleich mit der Ausführung in Stein hervorbringt, — dienen vielmehr nur zur Erleichterung der Uebersehbarkeit. Wichtig dagegen zum Genuss eines architektonischen Kunstwerkes ist es, sich über Gewicht, Starrheit und Cohäsion der Materie klar zu werden, da die Wirkung der Baukunst keine mathematische, sondern eine dynamische ist. Grösse des Ganzen, Gewicht und Starrheit seiner Teile muss uns imponieren, während die Symmetrie kein notwendiges Erfordernis ist. Als Beispiel hierfür erwähnt er die Ruinen, doch geht er nicht näher auf das Wesen ihrer Schönheit ein, sonst wäre er wohl zu dem Schlusse gekommen, dass sie gerade darin besteht, dass der Kampf zwischen Gewicht und Starrheit, zwischen Last und Stütze mit gänzlicher Hintansetzung der Symmetrie sich uns in den Ruinen am allerdeutlichsten zeigt. Da z. B., wo sich die zerschossene oder vom Wetter zerbröckelte Stütze unter der Last gesenkt hat oder zu senken droht, lockt uns das Bild dieses Kampfes am meisten an zu freier Betrachtung und giebt ein Beispiel ab für das Dynamisch-Erhabene, wenn wir erwägen, dass beim Anschauen einer Ruine, etwa eines gesprengten, vorgeneigten Turmes das Individuum seine eigene Vernichtung etwa durch einen plötzlichen Sturz desselben zu fürchten geneigt ist und sich doch über diese Furcht, dieses Bewusstsein der Willensrelationen hinweg erhebt zu freier Betrachtung. In dem litterarischen Nachlasse Schopenhauers findet sich eine Bemerkung[2]), welche die Erhabenheit der Ruinen erwähnt, sie jedoch nur zum Mathematisch-Erhabenen rechnet, da gegenüber solchen zerfallenen Bauten, namentlich aus klassischer

---

1) Werke Bd. III, S. 468.
2) Nachlass S. 363.

Zeit, dem einzelnen Menschen sein ephemeres Dasein im rechten Licht erscheint, sodass er zugleich daran denkt und sich davon abstrahiert.

Wilhelm Gwinner, der Biograph Schopenhauers, bemerkt[1]) bei Schilderung der Reise nach Italien, die unser Philosoph zu derselben Zeit unternahm, als das Hauptwerk seines Lebens in der Heimat herauskommen sollte: „Im Gebiete der Kunst wandte er seine Aufmerksamkeit vorzugsweise der antiken Architektur und Plastik zu, und von dieser liebevollen Versenkung in die Werke der Alten zeugt auch seine Lehre". Bei jeder Kunst — mit Ausnahme der Malerei, wo er nur Schlüsse nach Analogie der anderen Künste ziehen kann, da ein Beweismaterial sich nicht erhalten hat — finden wir diesen Ausspruch bestätigt in dem, was Schopenhauer über sie sagt, und oft wird seine Klage um „die Götter Griechenlands" zu einer Anklage gegen Geschmack und Richtung seiner Zeit. So ist für ihn auch der antike Baustil allein in rein objektivem Sinn gedacht; der antike Künstler brachte in seinen Säulenhallen so recht den Grundgedanken der Baukunst zum Ausdruck, den der mysteriöse Charakter der gothischen Baukunst, die Schopenhauer von jeher ganz im Gegensatze zum jungen Goethe verwarf, oft in willkürlicher Weise verfehlt, sodass ihre Werke oft nicht anders als durch das Medium grosser historischer Erinnerung uns nahe zu treten vermögen. Der antike Baumeister lässt seine Werke die Zwecke naiv und deutlich aussprechen, und daher kann eine Entfernung vom Vorbild der Alten unmöglich ein Schritt vorwärts sein. Und dass man sich von diesem Vorbild entfernt hat, das spricht Schopenhauer an anderer Stelle[2]) deutlich aus, wenn er sagt: „Die Neueren sind überhaupt von keiner Autorität in Sachen der Architektur und Sculptur."

In der Baukunst soll nach Schopenhauer gelten, was in der Natur gilt, deren Werke sie zwar nicht nachahmen, aber in deren Geist sie arbeiten soll; der Geist der Natur kennt nichts zweckloses. Anschaulich und fasslich sollen die Werke der Architektur sein und deshalb ihre Zwecke auf die einfachste

---

1) a. a. O. p. 182.
2) „Gutachten über das Goethe'sche Monument" 1837, von Gwinner in seiner Biographie Schopenhauers S. 414 ff. mitgeteilt.

Art zu erreichen suchen. Umwege und Willkürlichkeiten gehören zum Charakter der Pfuscherei, die alle edleren Mittel der Kunst zu Spielereien gebraucht, weil sie ihre Zwecke nicht versteht. Der Leichtigkeit der Bewegung beim lebendigen Wesen entspricht beim architektonischen Kunstwerk eine gewisse Grazie, und hier wie dort besteht die Leichtigkeit eben in der Angemessenheit der einzelnen Teile für den Zweck im Ganzen und im Fehlen alles desjenigen, was zweckloser Zierrat ist.

Einen grossen Einfluss auf die Schönheit der architektonischen Kunstwerke hat das Licht, weshalb Schopenhauer sorgfältige Wahl des Grundes, auf dem ein solches zu errichten ist, wie auch der Himmelsgegend, der es seine Front zeigen soll, anempfiehlt. Dieser Einfluss der Beleuchtung ist auf zwei Umstände zurückzuführen. Erstens lässt die helle und uns immer wohlthuende Beleuchtung Verhältnisse und Zweckmässigkeit der Teile besser erkennen, und zweitens zwingen die in ihrem Wesen den des Lichts gerade entgegengesetzten Steinmassen das Licht, indem sie seine Strahlen nicht hindurchlassen, seine Natur zur deutlichen Entfaltung zu bringen. Als die schwächste und beschränkteste aller Künste tritt die Architektur auf, die allein im Raum ohne Beziehung auf die Zeit die Ideen der untersten Stufen zur Geltung bringt, und in ihrem Wirken kein Bild der Sache, sondern die Sache selbst vorführt. Da nun bei der Betrachtung eines architektonischen Kunstwerkes der ästhetische Genuss mehr in der Freude am reinen Erkennen, als in der Anschauung der Ideen liegt, die hier doch nur die niedrigsten Stufen der Willensobjektivation ausmachen, so ist offenbar die objektive Seite, welche im Gegensatz zur Baukunst bei dem Drama sich als am meisten überwiegend zeigen wird, hier der subjektiven untergeordnet.

B. Wasserkunst und Gartenkunst.

Der Baukunst nebengeordnet ist bei Schopenhauer die Wasserkunst und die Gartenkunst.

Die Ideen der Schwere und Starrheit in ihrem Kampf zum Ausdruck zu bringen, war die Aufgabe der Baukunst. Tritt nun an die Stelle der Starrheit des Steins die Beweglichkeit des Wassers, so entsteht der Wasserkunst die Aufgabe, den

Kampf dieser beweglichen Verschiebbarkeit mit der Schwere, d. h. die Idee der flüssigen, schweren Materie darzuthun, wobei die schöne Wasserleitungskunst nur in den seltensten Fällen die nützliche zu unterstützen vermag, von der sie daher wohl zu unterscheiden ist.

Unselbständiger in ihrem Wesen ist die Gartenkunst (Kant nannte sie „Lustgärtnerei" und fasste sie als Schilderung der Naturprodukte, als Kunst des Sinnenscheins), welche eigentlich ihre ganze Schönheit von der Natur geborgt hat und daher da, wo die Natur ihre eigenen Wege gehen will, nur wenig erreichen kann. Hatte die Baukunst die Ideen der starren, schweren, die Wasserleitungskunst die der beweglichen schweren Materie zum Ausdruck gebracht, so erhebt sich die Gartenkunst von den niedrigsten Stufen der Objektivation des Willens schon zu den höheren der vegetabilischen Natur. Die Schönheit, die die Natur selbst aufweist, hat meist ihren Grund in der Mannigfaltigkeit und diese nun kunstvoll zu erzeugen, muss die Gartenkunst in Zusammenstellung und Trennung der Natur zu Hilfe kommen, aber sie muss selbst objektiv bleiben, d. h. in Art des englischen Parks die Natur selbst wachsen und treiben lassen, ohne ihr durch künstliche Verstümmelung in altfranzösischem Geschmack den subjektiven Stempel aufzudrücken. Es besteht also hier die Kunst darin, die Kunst so zu verbergen, dass nur die Natur gewaltet zu haben scheint. Das leistet eben der englische Garten. Auf diesen, als ein Beispiel wirklich schöner Gartenkunst, hat schon Kant in seinen „Beobachtungen" hingewiesen und ihn dem französischen Park gegenübergestellt. Wohl hierdurch angeregt, hatte dann Schiller in seinen „zerstreuten Betrachtungen über verschiedene ästhetische Gegenstände"[1]. in einer Anmerkung einen Vergleich zwischen Gartenkunst und dramatischer Dichtkunst bei Engländern und Franzosen gezogen. Auch in seinen Briefen an Körner über den geplanten „Kallias" berührt Schiller diesen Punkt. In dem wichtigen und umfangreichen Schreiben vom 3. Februar 1793 führt er als ein Beispiel des Unschönen den zur Zirkelfigur (also in französischem Geschmack) geschnittenen Baum an, der,

---

[1] Histor.-krit. Ausgabe Bd. X, S. 203.

eben weil hier die angekündigte Zirkelfigur der Natur des Baumes widerstreitet, eine Vorstellung der Freiheit in der Erscheinung nicht zulässt. Schopenhauer nimmt das Beispiel des englischen Parkes von Kant, führt es aber selbständig aus.

C. Sculptur und Malerei.

Von der Architektur und den beiden zu ihr gehörigen Schwesterkünsten geht Schopenhauer in seiner Gesamtdarstellung über zur Sculptur und Malerei, die er, in ihren Aufgaben und der Art ihrer Leistungen scharf geschieden, nebeneinander behandelt hat. Die Hauptaufgabe dieser beiden Künste sieht er in der Idee des Menschen überhaupt, zu welcher, als der höchsten Staffel, die ganze Stufenreihe der Willensobjektitäten führt. Die Malerei, sofern ihr Objekt die menschliche Schönheit und der Charakter der Menschheit ist, nennt er die Historienmalerei. Die Werke derselben trennt er als höchste Leistungen der Malerei von dem Stillleben und seinen Verirrungen, von der Tiermalerei und auch von den Verirrungen des historischen Bildes. Gwinner sagt zwar von Schopenhauer[1]): „Für die Malerei besass er einen weniger scharfen Sinn, als seine Untersuchungen über die Farben vielleicht voraussetzen lassen" und fährt dann fort: „überhaupt war sein ästhetisches Gefühl technisch nicht in dem Masse begabt, wie es viele seiner Leser vermuten." Aber zu diesen Vermutungen über tiefe Einblicke in die Technik der Malerei giebt Schopenhauer selbst gar keinen Anlass, denn die wenigen Bemerkungen, die er über sie macht,[2]) sind ganz allgemein gehalten, und Gwinner hatte gewiss Gelegenheit, sich in mündlichem Gedankenaustausch davon zu überzeugen, dass der Philosoph hier nicht mit seinem Wissen zurückhielt, sondern in der That keine Detailkenntnisse besass. Ueber das Wesen der Malerei aber hat er Dinge gesagt, die denn doch einen „scharfen Sinn" voraussetzen, wie sich denn auch die Kapitel hierüber zwanglos seiner ganzen Lehre einfügen und doch wiederum unabhängig davon als eine herrliche

---

1) S. 182, vergl. S. 453.
2) Siehe Werke Bd. I, S. 65 und Bd. III, S. 480 ff.

Abhandlung über Malerei bestehen könnten, sobald man nur die Voraussetzung gelten lässt, dass die Idee jeder Kunst Objekt ist.

Bei dem sogenannten Stillleben, welches den unbedeutenden Gegenständen eine heitere, objektive Anschauung widmet, und ebenso bei der Art von Landschaftsbildern, die eine Darstellung architektonischer Werke bezwecken, überwiegt nach Schopenhauer noch die subjektive Seite, wie bei der Architektur, indem der Betrachter weniger in die zum Ausdruck gebrachten Ideen sich zu vertiefen bemüht ist, als vielmehr an dem Gefühl der willenlosen Anschauung seinen Genuss findet. Denn in diesen Bildern, besonders in dem Stillleben, in welchem der Philosoph den Niederländern die Meisterschaft zuerkennt, hat das Auge des Künstlers mit rührender Liebe in vollkommener Willensruhe auf dem Unbedeutenden geweilt und von den Bildern strömt die Ruhe über den Betrachter, der sie nun mit dem Auge des Künstlers anschaut. Niemals darf sich das Stillleben aber dahin verirren, durch Wiedergabe von Reizendem, wie etwa Esswaren den Willen wieder zu erregen, denn hierdurch wäre der Zweck, die willenlose Betrachtung, natürlich verfehlt. Weniger nachdrücklich herrscht bei Betrachtung des Landschaftsbildes die subjektive Seite, sobald es statt blosser Architektur auch Pflanzen, Wiesen und Bäume, d. h. ungleich höhere Objektitäten des Willens zeigt. Eine Landschaft erscheint um so schöner, je grösserer oder reinerer Objektivität der Beschauer fähig ist, und nur, wo der Intellekt frei genug vom Willen ist, gelingt ein gutes Landschaftsbild. Das Objekt allein kann hier nicht das Gefühl des Schönen geben, denn auch das die Landschaft abspiegelnde Gehirn muss auffassungsfähig sein.

Endlich gewinnt die objektive Seite ganz die Herrschaft in der Tiermalerei. Sculptur und Malerei nähern sich in der Darstellung von Tieren bereits der höchsten Aufgabe; denn was sie hier darstellen, ist das heftige Begehren und Drängen eines Willens, der auch der unsrige ist. Aber nicht wie in dem besonnenen Menschen gemässigt und verlarvt, sondern naiv in seiner elementaren Gewalt spricht der Wille aus diesen Tierbildern zu uns und wenn auch die aller reinen Betrachtung zu Grunde liegende Willensruhe, mit der der Künstler sein Werk schuf, vorhanden ist, so tritt sie doch nicht deutlich ins Bewusstsein, da sie verdrängt wird von der Darstellung, die der Wille in dem betreffenden Objekt gefunden hat. „Schön" und „charakteristisch" ist hiernach ein und dasselbe, denn jedes Tier erscheint uns nicht als Individualcharakter, sondern als blosser Repräsentant seiner Gattung. Dieser Gattungscharakter heisst beim Menschen, bei dem der Individualcharakter (einfach als „Charakter" bezeichnet) hinzutritt, menschliche Schönheit und bezeichnet als solche die angeschaute reine Idee des Menschen und damit zugleich die vollkommenste aller Willensobjektivationen. Wo die Idee der menschlichen Schönheit in die Erscheinung eingeht, da tritt sie, wie alle anderen Erscheinungen von Ideen nur als getrübte Idee uns entgegen, daher auch der vollkommen ausgeprägte Gattungscharakter im Leben ebenso selten zu finden ist, wie er von seltenen Bedingungen abhängt. Denn der menschliche Leib ist kein untrennbares Ganze, sondern ein System der verschiedensten Teile, deren jeder an sich schön sein und sich dem Aggregat harmonisch einfügen muss, um den Gattungscharakter zur Vollendung kommen zu lassen.

Das Ideal der menschlichen Schönheit aber sieht Schopenhauer nicht in dem weiblichen, sondern in dem männlichen Körper. Auch das lässt sich aus seiner Lehre wohl verstehen: was den Willen erregt, bannt Schopenhauer aus dem Gebiete der Kunst, also sowohl das Reizende, wie das Ekelhafte, das positiv beziehungsweise negativ den Willen erregte. Brennpunkt des Willens ist aber das Genitalsystem, wie das Gehirn Pol der reinen Erkenntnis und der Wille wird leichter unterworfen, wenn er nicht durch die Anschauung im Brennpunkt berührt wird, was vielleicht doch nicht in der lüsternen Darstellung allein geschieht, sondern leicht überhaupt in der Darstellung weiblicher Körper. Unser Philosoph selbst erklärt zwar das Uebergewicht, das in seinen Augen die männliche Schönheit über die weibliche hat mit anderen Gründen: aus dem höheren Wuchs, der grösseren Strafheit der Formen etc.; aber bei diesen Ausführungen blicken wir in das Antlitz des Weiberhassers, nicht in das ruhig klare Auge des Philosophen, welcher den Willen überall der Erkenntnis unterwirft. Im schroffsten

Gegensatze steht er in seinem Urteil über das schöne Geschlecht auch zu Kant, der dem Weibe in seiner Jugendblüte die Schönheit des Körpers zugesteht und dem verblühenden den Ersatz einer Schönheit der Seele bietet. Dagegen nähert sich Schiller seiner Anschauung und zwar insofern, als er dem Manne mehr Schönheit, dem Weibe mehr Anmut zuerkennt.

In seiner Darstellung der menschlichen Schönheit scheint nach Schopenhauer der Künstler die Natur zu übertreffen. Dieser Schein aber entsteht nur aus der irrigen Annahme, dass seine Erkenntnis a posteriori sein, während er a priori erkennt, d. h. der Natur entgegenkommt und das schafft, was sie schaffen wollte. Diese Anticipation des Schönen nennen wir Ideal.

Nicht aus einzelnen schönen Gliedern verschiedener Modelle flickte der antike Meister mühsam auf empirischem Wege sein Werk zusammen und stellte es als Kanon auf, sondern das Genie verstand den Geist der schaffenden Natur, und wie er in reiner Anschauung das Ideal sah, so liess er es uns sehen in seinem Werk.

Dass wir die eigenen Species für die schönste erklären, dafür erblickt Schopenhauer, wie für alles Wohlgefallen, den Grund in der Homogenität. Also nicht nur, weil wir im Menschen die höchste Willensobjektität erkennen, sondern auch aus dem rein äusserlichen Grunde der Homogenität erklärt Schopenhauer die menschliche Schönheit, insbesondere die männliche für das höchste Objekt der Kunst.

Nun gilt es aber in der Malerei nicht nur die menschliche Schönheit, d. h. die bloss räumliche Darstellung des Willens, auf dieser höchsten Stufe seiner Objektivation und Grazie, die den angemessenen Ausdruck in der Zeit für die Erscheinung im Raum zu finden weiss, zu verkörpern; denn das ist für die Sculptur eine inhaltreichere Aufgabe. Vor allem soll die Malerei zu ihrem Objekte „die Idee des vom vollen Erkennen beleuchteten Willens"[1]) haben, die Historienmalerei die Krone dieser ganzen Kunst, muss die Idee der Menschheit in bedeutungsvollen Scenen festzuhalten und durch bedeutungsvolle Menschen darzustellen wissen. Bedeutungslos aber ist keine mensch-

---

1) Werke Bd. II, S. 251.

liche Handlung, und Schopenhauer findet es absurd, das Genrebild, welches gewissermassen der Flüchtigkeit des Augenblicks zu spotten scheint, indem es einen einzigen Moment aus dem Getriebe des Willens zur Dauer zwingt, auf Kosten der Bilder aus biblischer oder profaner Geschichte gering zu achten. Gerade das für die Weltgeschichte wichtige Moment bringen die historischen Bilder oft nicht zum Ausdruck, und mit Recht darf der Künstler bestrebt sein, mehr der Idee, dem Allgemeinen, als dem Historisch-Speziellen gerecht zu werden, sodass nach Schopenhauer eigentlich das historische Bild nur als eine Unterabteilung des Genrebildes erscheint, indem hier zufällig die Namen der betreffenden Personen bekannt sind, die der Künstler zu einer Scene aus dem menschlichen Leben hier vereinigt hat. Die kleinen Vorgänge, die uns das Genrebild widerspiegelt, und die sich tausendmal wiederholen werden, wie sie schon tausendmal vor Menschen in anderem Kostüm einer anderen Zeit sich abgespielt haben, sind für die Menschheitsgeschichte durchaus nicht ohne Bedeutung und verdienen es wohl, dass ein Genie sie auffasst, festhält und dadurch Andern die Anschauung der zu Grunde liegenden Idee erleichtert. Das Allgemein-Menschliche darstellend soll das ächte Historienbild ohne Kommentar zu uns reden. Schon aus diesem Grunde verwirft Schopenhauer die in der Poesie zweckdienliche Allegorie in der bildenden Kunst völlig. Eine gemalte Allegorie hat einen Begriff gemalt und die Kunst soll es nicht mit den Begriffen zu thun haben, sondern Ideen vermitteln. In der Allegorie soll der Geist des Beschauers von der Anschauung zu einem Begriff geleitet werden und deshalb ist die Wirkung des allegorischen Bildes als solches nur die Wirkung, die es mit Inschrift und Zuruf teilt, die auch plötzlich den Geist vom Angeschauten hinweg zu abstrakten Gedanken entführt. Der wahre Kunstwert eines solchen Bildes ist nur dadurch zu erkennen, dass man sich zwingt, gerade nicht dieser Abrufung ins abstrakte Gedankenreich zu folgen, sondern von der Allegorie ganz absehend, das rein Anschauliche an dem Bilde allein auf sich wirken zu lassen und so die „reale" von der „nominalen" Bedeutung zu trennen.

Schopenhauer befindet sich hier in bewusstem Gegensatz zu Winckelmann, den er wegen seiner Auffassung der Allegorie tadelt.¹) Winckelmann hatte schon in seiner ersten Schrift „Gedanken über die Nachahmung der griechischen Werke in der Mahlerey und Bildhauerkunst" der Allegorie die grössten Zugeständnisse gemacht und war darin immer weiter gegangen, bis gleichzeitig mit dem Lessingschen Laokoon sein „Versuch einer Allegorie" erschien, in welchem Werke er die Allegorie geradezu zum Mittelpunkt aller bildenden Kunst macht. Diese letzte Schrift scheint Schopenhauer nicht gekannt zu haben; dagegen erwähnt er die erstere, in welcher Winckelmann behauptet:²) „Ein Künstler, der eine Seele hat, die denken gelernt, lässt dieselbe müssig und ohne Beschäftigung bey einer Daphne und bey einem Apollo; bey einer Entführung der Proserpina, einer Europa und bey dergleichen. Er suchet sich als einen Dichter zu zeigen, und Figuren durch Bilder, das ist, allegorisch zu malen." Das soll er nach Schopenhauer gerade nicht; denn der bildende Künstler arbeitet mit dem unmittelbar Anschaulichen, während der Dichter, der zunächst nur Begriffe geben kann, sich sehr wohl der Allegorie bedienen darf, die den abstrakten Gedanken leicht zur Anschauung führt.

Schopenhauer gestattet nur dem Dichter die Allegorie und befindet sich darin auch in einem Gegensatz zu Kant, der es der Plastik zum Verdienst anrechnet, dass sie Hässliches, wie Krieg und Tod in schönen, kräftigen Männern und trauernden Genien allegorisch zu mildern verstand.

Schönheit und Grazie sind also in der Malerei unmöglich strenges Erfordernis, wie in der Sculptur, und Leidenschaft und Charakter müssen überwiegen. Auch im Porträt soll neben dem Gattungscharakter nicht der Individualcharakter verloren gehen; der im Bilde Dargestellte soll so aufgefasst werden, dass „seine Bedeutsamkeit in Hinsicht auf die Idee der Menschheit überhaupt"³) ins Auge springt, d. h. Schopenhauer fordert, wie Winckelmann, den er auch erwähnt, und Lessing,⁴) den er

---

1) Vgl. Werke Bd. II, S. 283.
2) Winckelmanns Werke herausgegeben von C. L. Fernow. Bd. I. Dresden 1808. S. 55.
3) Werke Bd. II, S. 265.
4) Lessings Laokoon, herausgegeben von Hugo Blümner. 2. Aufl. Berlin 1880. S. 156—157.

nicht erwähnt, dass das Porträt das „Ideal des Individuums" sei. Der kraftstrotzende hellenische Jüngling soll gemeisselt, der durch Fasten abgezehrte christliche Büsser darf nur gemalt werden, und in diesem Sinne kommt Schopenhauer zu dem Schluss, dass die Sculptur gewissermassen die Bejahung des Willens darstellend, die Kunst des heiteren Altertums gewesen sei, jener lebensfreudigen Zeit, die selbst auf Sarkophagen Bilder des heitersten Lebens erscheinen liess:

> „So überwältiget Fülle den Tod; und die Asche da drinnen,
> „Scheint im stillen Bezirk noch sich des Lebens zu freun." [1]

Die Malerei aber, die Verneinung des Willens behandelnd, scheint ihm die kirchliche Kunst des Mittelalters zu sein. Diese letztere gipfelt für Schopenhauer in der grossen italienischen Malerei, und hier findet er in dem Gipfel der Kunst auch den Gipfel der Erkenntnis wieder. Nachdem die Malerei dem Willen durch alle seine Entwicklungsstufen gefolgt ist, von jener niedrigsten Stufe, wo ihn Ursachen, bis zu der höheren, wo ihn Reize bewegten und von dieser wieder bis zu der, wo Motive ihn zur Entfaltung bringen, haben endlich die grossen italienischen Meister den letzten Schritt in ihrer, die Erkenntnis ahnenden Kunst gethan und aus den Augen ihrer Heiligen leuchtet unserm Philosophen jene letzte Erkenntnis entgegen; in vollkommener Willensruhe hat sie sich zum Quietiv des Lebens geläutert; der Wille schweigt, er giebt sich selbst auf, und die Weisheit der Inder und der Geist des Christentums scheint zu ruhen auf der Kunst von Raphael und Correggio. Die reine, willensfreie Anschauung aber, wie wir sie kennen lernten als Bindeglied zwischen Genialität und Kindheit, vermochte Raphael allein in dem Antlitz seiner Engelsköpfchen zu malen.

Die Kunst des Malers besteht, wie die jedes Künstlers, zunächst in der Fähigkeit, sich reiner Anschauung hinzugeben, sie durch Besonnenheit festzuhalten und so wiederzugeben, dass der Beschauer den wahrgenommenen Wirkungen die durch Gewohnheit bekannten Ursachen unterbreitend, zu derselben Anschauung gelangt. Der Maler muss also alle die Data fest-

---

[1] Goethe im I. Venetianischen Epigramm.

zuhalten wissen, welche sich ihm darbieten, ehe die Empfindung durch den Verstand zur Anschauung verarbeitet ist, und darin unterscheidet sich das, was Schopenhauer seine Besonnenheit nennt von unserer oberflächlichen Betrachtung. Von dem, was ihm in der Aussenwelt gegeben ist, muss der Maler die blosse Affektion der Netzhaut trennen können, damit er dieselbe Affektion durch die Technik in Farben und Lichteffekten zu erreichen vermag, wodurch dann getäuscht, der Verstand des Betrachters die gewohnten Empfindungen zur Anschauung zu verarbeiten glaubt und den oft empfundenen Wirkungen gewohnte Ursachen zu Grunde legt. Das bei einem Bilde unmittelbar Wirkende wird weniger erreicht von dem Genie, als von der Technik des Malers. Denn während die Idee selbst Kern der Darstellung bleibt, aber erst in ganz reiner Anschauung erkannt werden kann, wird uns diese Anschauung des inneren Wesens erleichtert durch ungezwungene Gruppirung und ein harmonisches Zusammenspiel der Farben, also durch Aeusserlichkeiten oder, wie Schopenhauer sagt, durch eine „untergeordnete Art der Schönheit", die für die Malerei das ist, „was in der Poesie die Diktion, das Metrum und der Reim." [1]) Wenn wir absehen von den Farben und ihren Wirkungen, so bleibt die Zeichnung, die das Wesen noch deutlicher, weil ohne Nebenwirkungen zur Geltung bringt, übrig, und diese wird kräftigeren und darum weniger auf Hilfsmittel angewiesenen Intellekt noch mehr zusagen in ihrer farblosen Einfachheit, als das Oelgemälde.

Hier ist Schopenhauer ganz der Ansicht Kants, der in seiner Analytik des Schönen sagt[2]): „In der Malerei, Bildhauerkunst, ja allen bildenden Künsten, der Baukunst, der Gartenkunst, soferne sie schöne Künste sind, ist die Zeichnung das Wesentliche, in welcher nicht, was in der Empfindung vergnügt, sondern bloss durch seine Form gefällt, den Grund aller Anlage für den Geschmack ausmacht."

In der Malerei gilt es nach Schopenhauer vor allem, der Idee der Menschheit eine neue Seite abzugewinnen und hervorzuheben, d. h. den Charakter zu erfassen; zugleich aber hat er

---

1) Werke Bd. III, S. 481.
2) Werke Bd. IV, S. 73.

als ihren Gegenstand immer den Kampf des Willens auf den verschiedenen Stufen seiner Objektivation im Auge, wovon am besten „ein frappanter Vorwurf für einen Maler" zeugt, der sich in seinem Nachlass findet[1]) und nach seinen eigenen Worten dieser ist: „Ein Jäger, der eben einem zum Stehen ermatteten Hirsch mit dem Fangmesser den Gnadenstoss giebt, und in dem Augenblick stürzte sich von hinten ein Wolf auf ihn, die Zähne in seinen Nacken schlagend." Das wäre also eine höchst charakteristische Illustration zu der Lehre von den nie ruhenden und nie befriedigten Begierden des Willens, welche dem Pessimismus Schopenhauers zu Grunde liegt.

War der Charakter oft auf Kosten der Schönheit Gegenstand der Malerei, so ist es die Hauptaufgabe der mit ihr verwandten Sculptur, Schönheit und Grazie zum Ausdruck zu bringen, wozu sie auch besser befähigt ist, als die Malerei, da Schönheit von verschiedenen Punkten aus beschaut und begriffen sein will, während der Maler gerade darin seinen Vorteil sieht, dass er den Beschauer zu einem Punkte zwingen und in dieser Absicht einen solchen wählen kann, der den Charakter am deutlichsten ins Auge springen lässt. Auf diesen Unterschied zwischen Malerei und Sculptur macht schon Lessing im „Laokoon" aufmerksam, wenn er davon spricht,[2]) dass „der Künstler von der immer veränderlichen Natur nie mehr als einen einzigen Augenblick, und der Maler insbesondere diesen einzigen Augenblick auch nur aus einem einzigen Gesichtspunkte brauchen" kann. Absehend von Farbe und Auge, welche wohl für die Schönheit nicht unbedeutend, aber wichtiger für den Charakter sind und nicht durch die Mittel der Plastik darstellbar der Malerei überlassen werden müssen, soll die Sculptur durch die Formen allein die Schönheit der Idee der Menschheit zum Ausdruck bringen, jedoch das Individuelle nicht ganz vernachlässigen und durch zu starke Betonung des Gattungscharakters zur Bedeutungslosigkeit herabsinken. Denn die Idee der Menschheit kann in verschiedenen bedeutsamen Individuen dargestellt werden; am schönsten und edelsten findet sie Schopenhauer dar-

---
1) Nachlass S. 372.
2) Laokoon S. 164.

gestellt in dem auch von Schiller in seinen Vorlesungen für die der Schönheit zu Grunde liegende Freiheit der Form erwähnten Apollo von Belvedere: „denn das weitumherblickende Haupt des Musengottes steht so frei auf den Schultern, dass es vom Leibe ganz entwunden, der Sorge für ihn nicht mehr unterthan scheint." Aber die Schönheit wird, weil sie mit dem Charakteristischen gemischt werden muss, den Beschauer anders als Gott der Musen, anders als Gott des Weins erfreuen; doch soll in der Beimischung des Charakteristischen stets das rechte Mass gehalten werden, da sonst die Schönheit und leichter noch die Grazie verschwindet und die Karrikatur entsteht.

Wenn nun Schopenhauer auch energisch bestreitet, dass die antiken Meister auf empirischem Wege zu ihren unsterblichen Werken gekommen sind und vielmehr behauptet, dass der Typus menschlicher Schönheit vom Künstler anticipiert werde, so gesteht er doch zu, dass solchem Erkennen a priori die Erfahrung zu Hilfe kommen muss; denn erst durch das wirkliche Leben, das an dem prüfenden Auge des Künstlers die verschiedenen Formen vorüberführt und darunter auch solche, die er nach seiner dunklen Anticipation als der Natur nahezu gelungen bezeichnen kann, klärt sich das nur geahnte Ideal in ihm zu einer bestimmten Erkenntnis. Zu dieser Erkenntnis gelangten vor allem die antiken Meister, denen freilich die vergleichende Anschauung menschlicher Körperformen durch Sitte und Tracht ihrer Zeit und ihres Landes erleichtert war; der antike, vor allem der hellenische Bildhauer war mit einem „Instinkt der Schönheit"[1] begabt, mit einem „rein objektiven Schönheitssinn für menschliche Gestalt"[2] und muss deshalb für das Streben aller Zeiten in der bildenden Kunst das Vorbild bleiben, denn seine Werke bringen Schönheit, Kraftfülle und Charakter eines vom anderen unbeeinträchtigt zum Ausdruck. Schönheit des menschlichen Körpers ist aber nur da zum Ausdruck zu bringen, wo keine Bekleidung ihre freie Entfaltung hemmt, weshalb die Schönheit nackt erscheinen soll oder nur insoweit bekleidet, als ein Gewand oder Faltenwurf nichts eigentlich verbirgt, sondern den Verstand anregt, das scheinbar Ver-

---

1) Werke Bd. VI, S. 435.
2) Werke Bd. III, S. 479.

hüllte nach Analogie des Unverhüllten zu ergänzen. Hierin befindet sich Schopenhauer in völliger Uebereinstimmung mit Lessing, der — bei Erwägung der Frage, warum Laokoon in der berühmten Gruppe keine Priesterkleidung trage, sagt:[1]) „Not erfand die Kleider und was hat die Kunst mit der Not zu thun? Ich gebe es zu, dass es auch eine Schönheit der Bekleidung giebt; aber was ist sie gegen die Schönheit der menschlichen Form?"

Ebenso denkt Schiller, wenn er in einer Stelle, wo er auch der nackten Figur des Laokoon als Beispiel Erwähnung thut, sagt:[2]) „Die Gesetze des Anstands oder des Bedürfnisses sind nicht die Gesetze der Kunst. Der Bildhauer soll und will uns den Menschen zeigen, und Gewänder verbergen denselben; also verwirft er sie mit Recht."

Aus demselben Grunde erklärt Schopenhauer an anderer Stelle einen Faltenwurf für allein zulässig, wenn man grossen Toten Monumente errichtet. Denn nicht dem realen Menschen, der das Kostüm seiner Zeit trug, sondern dem idealen Menschen, als der Idee der Menschheit in einer ihrer Modifikationen, gilt diese Huldigung; der ideale Mensch plastisch dargestellt, kann nur mit dem der Plastik angemessenen antiken Faltenwurf bekleidet sein. „Das Denkmal eines grossen Mannes soll einen erhabenen Eindruck machen. Das Erhabene ist stets einfach;" ebenso soll auch die Inschrift einfach, d. h. lakonisch kurz sein.[3])

Ein wichtiger Punkt in seiner Lehre von der Sculptur ist die Beleuchtung der Laokoonfrage, welcher er den ganzen Paragraph 46 im dritten Buch des ersten Bandes seines Hauptwerks widmet, und auf die er im zweiten Bande[4]) noch einmal zurückkommt. Doppelt wichtig ist hier seine Begründung des Nicht-Schreiens des Laokoon, weil er sich in einen Gegensatz setzt zu allen bisherigen Erklärungen, selbst zu derjenigen Lessings, jedoch hier nur in einen scheinbaren.

---

1) Laokoon S. 193.
2) „Vom Erhabenen." Histor.-krit. Ausgabe. Bd. X, S. 152.
3) Siehe Gwinner S. 446 u. 448.
4) Werke Bd. III, § 36, S. 482 ff.

Winckelmann, welcher vor allem Ruhe in der Plastik als Folge der Schönheit forderte und bei den Alten fand, erklärt im zehnten Buche seiner „Geschichte der Kunst des Altertums" den Laokoon für „eine Statue im höchsten Schmerze, nach dem Bilde eines Mannes gemacht, der die bewusste Stärke des Geistes gegen denselben zu sammeln suchet."[1])
Der Winckelmannschen Erklärung ist Schiller, den Schopenhauer ganz unerwähnt lässt, im Allgemeinen gefolgt[2]). Er führt die betreffende Stelle aus Winckelmann allerdings wenig genau an und findet in dieser Beschreibung den „Kampf der Intelligenz mit dem Leiden der sinnlichen Natur" wahr und fein entwickelt; einen schönen Beweis für die in den Werken der Alten vielfach zum Ausdruck gebrachte Regel, dass die moralische Selbständigkeit in der Kunst eine um so pathetischere Darstellung erhalte, je heftiger der Affekt das tierische Teil im Menschen treffe und in diesem Sinne schloss er sich der Deutung Winckelmanns an. Dieser lässt die „bewusste Stärke des Geistes" über die menschliche Anwandlung, dem Schmerz Luft zu machen, siegen. Er macht also den Laokoon zu einem willensstarken Dulder und behauptet, dass er nicht schreit, weil er die Kraft hat, nicht schreien zu wollen. „Sein eigenes Leiden scheint ihn weniger zu beängstigen, als die Pein seiner Kinder"[3]) und „sein Gesicht ist klagend, nicht schreiend", führt er dann aus. Laokoon also seufzt nur, aber — wenn hier keine Undeutlichkeit des Ausdrucks waltet — seine Söhne schreien nach Winckelmann, denn er spricht ausdrücklich von den Kindern, „die ihr Angesicht zu ihrem Vater wenden und um Hilfe schreien". Mit seiner Erklärung für das Nicht-Schreien des Vaters, stände das Schreien der Söhne in keinem Widerspruch, denn sie sind eben noch jung und besitzen die Willenskraft des gereiften Mannes nicht; aber mit der Lessingschen Erklärung würde sich ihr Schreien nicht vertragen, und Lessing schweigt merkwürdigerweise ganz über die Söhne.

---

1) Winckelmanns Werke herausgegeben von H. Meyer und Joh. Schulze, Dresden 1815, Bd. VI, S. 104.
2) In seinem Aufsatze: „Vom Erhabenen". Histor.-krit. Ausgabe Bd. X, S. 160 ff.
3) Winckelmanns Werke a. a. O. Bd. VI, S. 105.

Schopenhauer aber hat recht, wenn er sagt,[1] „die allgemein immer wiederkehrende Befremdung darüber, (dass Laokoon nicht schreit) muss daher rühren, dass in seiner Lage wir alle schreien würden: und so fordert es auch die Natur, da bei dem heftigsten physischen Schmerz und plötzlich eingetretener körperlicher Angst, alle Reflexion, die etwa ein schweigendes Dulden herbeiführen könnte, gänzlich aus dem Bewusstsein verdrängt wird, und die Natur sich durch Schreien Luft macht, wodurch sie zugleich den Schmerz und die Angst ausdrückt, den Retter herbeiruft und den Angreifer schreckt". Mit diesen Worten hat er schon Winckelmann, dessen herrlicher Schilderung der Gruppe er sonst volle Gerechtigkeit widerfahren lässt, abgefertigt. Er sieht mit Recht in dem Laokoon, dem anstatt furchtbaren, dem Schmerze angemessenen Geschrei, nur „bange und stille Seufzer entsteigen"[2], nicht den schmerzbezwingenden Stoiker. Einen solchen hatte schon Lessing nicht in ihm gesehen und hätte, wie Schopenhauer richtig bemerkt, in seinem Laokoon[3] „an die Stelle des psychologischen Grundes den rein ästhetischen"[4] gesetzt. Lessings Ansicht war kurz diese: bei den alten Meistern galt als höchstes Kunstgesetz allein die Schönheit, die Winckelmann als stille Grösse und edle Einfalt gefasst hatte, mithin muss alles, was mit ihr in keinen Einklang zu bringen ist, ihr entweder ganz weichen, oder sich ihr unterordnen. Da nun die Gewalt der Leidenschaften und Schmerzen den Körper zu Verzerrungen zwingt, die alle Schönheit vernichten, so müssen sich solche Grade von Leidenschaft und Schmerz entweder ganz der Darstellung entziehen, oder die Kunst hat die Pflicht, sie herabzumindern zu einem Grad, der eine gewisse Schönheit des Ausdrucks noch gestattet. Aus diesem Grunde hielt es Lessing für die Pflicht des Künstlers, den Laokoon nicht schreien zu lassen, weil das im Schreien verzerrte Gesicht so hässlich gewesen wäre, dass die im Beschauer erregte Unlust die Oberhand über das Mitleid

---

1) Werke Bd. II, S. 207.
2) Winckelmanns Werke Bd. VII, S. 98.
3) S. 162 ff.
4) Werke Bd. II, S. 267.

gewonnen hätte. Die Grenze der Kunst, d. h. die Grenzen der Schönheit, die ihr höchstes Gesetz ist, dürfte nicht überschritten werden. Innerhalb der Grenzen der Plastik liegt es aber auch nicht, — und das war nach Lessing der **zweite Hinderungsgrund** — nur transitorisch denkbare Momente, wie das Schreien, festzuhalten, da das Anschauen derartiger Werke durch die künstliche Verlängerung eines sonst rasch vorüberfliegenden Momentes auf die Dauer keinen Genuss zu gewähren vermag. Darin, dass diese letzte Lessingsche Behauptung „hundert Beispiele von vortrefflichen Figuren gegen sich"[1]) hat, wird heute, wo man die Kunstschätze geordneter überblicken kann, jedermann mit Schopenhauer übereinstimmen; diese Beispiele aber, die man in neuester Zeit, wo die Momentphotographie wirklich transitorische Momente exakt wiederzugeben in der Lage ist, leicht auf ihre Lebenswahrheit prüfen kann, zeigen uns zu unserem Erstaunen, dass die graziöse Stellung, in der ein Tanzender, oder ein springendes Pferd vom Künstler dargestellt wurde, keinem einzigen der wirklich transitorischen Momente entspricht, sondern selbst wieder ein Bild ist, wie es sich aus einer Summe kleiner Teilvorstellungen zu unserer Anschauung komponiert hat. Schreit also, um kurz zusammenzufassen, nach Winckelmann der Laokoon nicht, weil **seine** erhabene Gesinnung es nicht duldete, so schrie er bei Lessing nicht, weil gerade **die** Kunst, welcher hier sein Leiden anvertraut war, ihn nicht schreien lassen durfte.

Eine dritte Ansicht, welcher Hirt im zehnten Stücke der Schillerschen Horen von 1797, eine eingehende Behandlung widmet, ist folgende: „Laokoon schreit nicht, weil er nicht mehr schreien **kann**. Der Streit mit den Ungeheuern beginnt nicht, er endet: kein Seufzen erpresst sich aus der Brust, es ist der erstickende Schmerz, der die Lippen des Mundes umzieht und der letzte Lebenshauch scheint darauf fortzuschweben"[2]). Dies alles findet Hirt, der den Ansichten seiner Vorgänger mit Achtung, aber abweichend begegnet, im Bilde des Laokoon trefflich ausgedrückt; er schreit nicht, weil er nicht kann, also nicht, wie Lessing

---

1) Werke Bd. II, S. 268.
2) Horen Bd. XII, S. 8 f.

wollte; weil ihn die Plastik nicht schreien lassen darf und er seufzt auch nicht, wie Winckelmann behauptete, sondern er stirbt lautlos. Der Künstler hat dargestellt, „das höchste und letzte Anstrengen sich convulsivisch windender Kräfte, ein schon betäubtes Gehirn, einen Mund, den der erstickende Schmerz umzieht und bleichet, — ein atemloses Bäumen der Brust und Einzwängen des Unterleibes — das Ersticken und der Tod folgt plötzlich"[1]). Hätte der Künstler ihn darstellen wollen, ehe der Kampf mit den Schlangen zu Ende ging, so hätte ihn nach Hirts Ansicht, seine Kunst nicht daran gehindert, ihn auch schreien zu lassen; denn nicht die edle Einfalt und stille Grösse, noch die Schönheit war, wie Hirt meint, das herrschende Prinzip in der antiken Kunst, sondern einzig und allein die Charakteristik und wo sie es erforderte, wurde auch das Schreien gebildet, so in dem älteren Sohne des Laokoon selbst. Hirt also erwähnt nur den älteren von den Söhnen als schreiend, Winckelmann beide, Lessing und Schopenhauer keinen.

Die Ansichten von Winckelmann, Lessing, Hirt und Fernow, welch letzterer, ebenfalls von Schopenhauer erwähnt, in seinen „Römischen Studien" sich auch mit der Laokoonfrage beschäftigt ohne wesentlich Neues zu sagen, beurteilt Schopenhauer mit den Worten[2]): „Ich kann nicht umhin, mich zu verwundern, dass so nachdenkende und scharfsichtige Männer mühsam unzulängliche Gründe aus der Ferne herbeiziehen um eine Sache zu erklären, deren Grund ganz nahe liegt und dem Unbefangenen gleich offenbar ist — und besonders Lessing, welcher der richtigen Erklärung so nahe kam, dennoch den eigentlichen Punkt keineswegs getroffen hat." So wäre festzustellen, was Schopenhauer für den „eigentlichen Punkt" hält, den er getroffen haben will.

Die Frage, ob Laokoon in diesen furchtbaren Qualen als Mensch schreien dürfe, bejaht er, im Gegensatz zu Winckelmann, die Frage, ob er, als plastisches Bildwerk in dieser Lage festgehalten, schreien dürfe, verneinet er im Gegensatz zu Hirt, mit der Begründung: „weil die Darstellung desselben (des Schreiens) gänzlich ausser dem Gebiete der Sculptur

---

1) Ebenda S. 10.
2) Werke Bd. II, S. 268.

liegt". Lessing hatte sein zusammenfassendes Urteil dahin abgegeben: „Ich übersehe die angeführten Ursachen, warum der Meister des Laokoon in dem Ausdrucke des körperlichen Schmerzes Mass halten müsse und finde, dass sie allesamt von der eigenen Beschaffenheit der Kunst und von derselben notwendigen Schranken und Bedürfnissen hergenommen sind." Wenn nun etwas „ausser dem Gebiete der Sculptur liegt", wie Schopenhauer sagt, so ist das doch wohl ganz dasselbe, wie wenn es von der „eigenen Beschaffenheit der Kunst und von derselben notwendigen Schranken" ausgeschlossen ist, und somit ist nicht einzusehen, worin hier die neue Entdeckung Schopenhauers bestehen soll. Allerdings begründet er seine Ansicht, dass der Hinderungsgrund in der Kunst selbst liege, etwas anders als Lessing, der immer betont, dass es eben das transitorische Moment ist, das ausserhalb der Grenzen der bildenden Kunst liegt. Schopenhauer macht nämlich darauf aufmerksam, dass die Sculptur, auch wenn sie das Schreien bilden wollte, unfähig wäre, mehr darzustellen, als einen aufgesperrten Mund, während das für die Handlung charakteristische Schreien allein durch den unerlässlichen Laut als Begleitung zu einer wahren, wenn auch die Schönheit beeinträchtigenden Wirkung auf den Beschauer gelangen könnte. Der Laokoon aus Stein durfte also schon deshalb nicht schreien, weil der Stein die zur wahren Wiedergabe des Schreiens nötigen Mittel nicht besitzt; hier ergiebt sich also aus dem Material dieser Kunst eine Schranke für ihre Darstellung; nun fing die erschwerte Aufgabe des Künstlers erst an, die darin bestand, zu motivieren, warum der Laokoon nicht schreit in einem Augenblicke, in dem der gewöhnliche Mensch wie der homerische Gott geschrieen hätte. Diese Motivierung des Künstlers scheint Schopenhauer im ersten Bande des Hauptwerks, obgleich er Hirts Abhandlung schon kannte, noch nicht herausgefunden zu haben; hier sagter nur[1]): „Weil nun also wegen der Grenzen der Kunst der Schmerz des Laokoon nicht durch Schreien ausgedrückt werden durfte, musste der Künstler jeden anderen Ausdruck desselben in Bewegung setzen". Dass der Künstler „jeden anderen Ausdruck desselben in Be-

---
1) Werke Bd. II, S. 270.

wegung setzte", wie sich Schopenhauer ausdrückt, hätte aber nur bewiesen, dass er uns gewissermassen über das Nicht-Schreien hinwegzutäuschen sucht, indem er den Schmerz, der sich am Natürlichsten im Schreien Luft macht in anderer deutlicher Weise zum Ausdruck bringt. Dass der Meister es aber fertig gebracht hat, das Nicht-Schreien des Gequälten zu motivieren, davon spricht Schopenhauer erst in den Ergänzungen des zweiten Bandes, wo er nach verschiedenen Beispielen für die Lächerlichkeit der Versuche, das Schreien malen oder meisseln zu wollen, sagt [1]: „Da nun demnach aus Gründen, welche nicht im darzustellenden Gegenstande, sondern im Wesen der darstellenden Kunst liegen, das Schreien des Laokoon unterbleiben musste, so entstand eben hieraus dem Künstler die Aufgabe, eben dieses Nicht-Schreien zu motivieren, um es uns plausibel zu machen, dass ein Mensch in solcher Lage nicht schreie". Das thut er nur, wie Schopenhauer meint, dadurch, dass er den Laokoon den Unterleib gerade in furchtbarem Schmerz einziehen lässt — schon Lessing hatte auf „jene schmerzliche Einziehung des Unterleibes, welche so sehr ausdrückend ist"[2]), hingewiesen — weil der Biss der Schlange nicht etwa schon geschehen ist, sondern gerade eben in der Seite geschieht; bei Hirt hingegen der ihn ohne Rücksicht auf die Kunst, die sein Schreien erlaubte, lautlos sterben lässt, ist der Biss bereits geschehen: „das ätzende Gift von dem Bisse der Schlange hilft die heftige Gährung beschleunigen; eine erstickende Pressung betäubt das Gehirn und ein Schlagfluss scheint den Tod plötzlich zu bewirken"[3]). In seiner Motivierung erwähnt Schopenhauer mit sichtlicher Genugthuung seine Uebereinstimmung mit Goethe, und beruft sich dabei zweimal auf die „Propyläen"[4]) und einmal auf den Ausgang des elften Buches von „Wahrheit und Dichtung"[5]).

Was die letztere Stelle betrifft, so erzählt hier Goethe, wie er nach dem schmerzlichen Abschied vom Elsass und von Friede-

---

1) Werke Bd. III, S. 483.
2) Laokoon S. 189.
3) Horen Bd. XII, S. 9.
4) Werke Bd. II, S. 269; Bd. III, S. 483.
5) Werke Bd. III, S. 483.

rike im Mannheimer Antikensaale eine kurze Beruhigung gefunden und dort auch auf den Laokoon seine „grösste Aufmerksamkeit gerichtet" habe. Auch er kommt hier, allerdings ohne zu erwägen, ob es die Kunst erlaube, zu dem Schluss, dass Laokoon nicht schreie, weil er nicht könne; auch in · der Auffassung des Augenblicks stimmt er mit Schopenhauer überein, indem er sagt: „Die ganze, so gewaltsam als kunstreiche Stellung des Hauptkörpers war aus zwei Anlässen zusammengesetzt, aus dem Streben gegen die Schlange und aus dem Fliehen vor dem augenblicklichen Biss". Ganz dasselbe spricht Schopenhauer aus, in den Worten: „Diese Aufgabe hat er (der Künstler) dadurch gelöst, dass er den Schlangenbiss nicht als schon erfolgt, auch nicht als noch drohend, sondern als gerade jetzt und zwar in die Seite geschehend, darstellte, denn dadurch wird der Unterleib eingezogen, das Schreien daher unmöglich gemacht"[1]).

Um nun die Stellung Schopenhauers in der Laokoonfrage zusammenfassend zu fixieren, so steht er in der primären Frage: warum schreit Laokoon nicht? auf dem Standpunkt des Lessingschen Urteils: weil Schönheit Prinzip der Plastik und ein zum Schreien geöffneter Mund hässlich ist. In der sekundären Frage: wie hat es der Künstler fertig gebracht, uns sein Nicht-Schreien begreiflich erscheinen zu lassen? steht unser Philosoph auf einem Standpunkt, welcher mit dem Hirtschen verwandt, mit dem Goetheschen identisch ist: Der Künstler zeigt uns den Laokoon in einem Moment, wo er nicht schreien kann. Mit Unrecht betont also Schopenhauer seine Priorität in Beantwortung der primären, mit Recht seine Uebereinstimmung mit Goethe in der sekundären Frage.

D. Poesie.

Von der Malerei und Sculptur wendet sich unser Philosoph zur Poesie, nachdem er im Uebergange noch die schon oben erwähnte Allegorie abgehandelt, die er für die bildenden Künste verwirft, für die Poesie aber für zweckdienlich erklärt, da sie

---

1) Werke Bd. III, S. 483.

hier — umgekehrt, wie in der Malerei und Sculptur — vom abstrakten Begriff, zur Anschauung zurückleitet. Seine Würdigung der Allegorie in der Poesie entspringt seiner tiefen Kenntnis vom Wesen dieser Kunst, und was er von ihr sagt, ist ebenso wahr, wie die Art, in welcher er es sagt, schön ist. Als letztes Stück hat er dem zweiten Bande seiner Parerga „einige Verse" angefügt, die allerdings nach seinem eigenen Urteil auf bleibenden Wert keinen Anspruch machen können; in der kurzen Vorrede bittet er spätere Leser, sofern sie sich nur für den Philosophen, nicht für den Menschen Schopenhauer interessieren, die Mitteilung der wenigen Verse als eine „Privatsache" zwischen ihm und denen zu betrachten, die auch an dem Menschen Anteil nehmen möchten. Aber durch alle seine Werke, selbst da, wo sie sich mit dem Satze vom Grunde beschäftigen oder einer finsteren Widerlegung der bestmöglichen Welt sich widmen, weht ein poetischer Zug. Bilderreich und farbenprächtig ist seine Sprache, ob er nun die Ueberlegenheit des Menschen schildert, der ist, „wie der Schiffer, welcher mittelst Seekarte, Kompass und Quadrant seine Fahrt und jedesmalige Stelle auf dem Meer genau weiss"[1]) im Gegensatze zum Tier, „dem unkundigen Schiffsvolk, das nur die Wellen und den Himmel sieht"; oder ob er ausführt, wie die Empfehlung zum Selbstmord in der Lehre der Stoiker stehe, „wie sich unter dem prächtigen Schmuck und Gerät orientalischer Despoten auch ein kostbares Fläschchen mit Gift findet"[2]). Wie herrlich ferner ist seine Vergleichung des Genies mit dem Montblanc, wie treffend, wenn er von demjenigen, der Logik zu praktischen Zwecken erlernen will, sagt, er gleiche einem Manne, der einen Biber zu seinem Bau abrichten wolle. Vielleicht bietet er selbst in dem überraschenden Reichtum seiner Bilder und dem bei aller Knappheit und trotz der Schwierigkeiten, die in der Materie liegen, klar hinfliessenden Stil, ein Beispiel seiner eigenen Lehre von dem mütterlicherseits vererbten Intellekts, zu dem noch der kräftigere Herzschlag des Vaters hinzukommen müsse; es ist doch vielleicht ein Erbteil von der gehassten Mutter, das freilich zum grossen Dichter

---

1) Werke Bd. II, S. 101.
2) Werke Bd. II, S. 108.

nicht ausreichte, aber seiner Sprache einen unvergleichlichen Schimmer von Poesie verlieh. Besonders da, wo Schopenhauer über Kunst spricht, erweist er sich selbst als Künstler. Er stellt an seinen eigenen Stil durchweg dieselben Anforderungen, wie an den der anderen und ist auch hierin Aristokrat, wenn er bekennt: „Wie ich aber mit einem schlecht und schmutzig gekleideten Menschen mich in ein Gespräch einzulassen, vorläufig Bedenken trage, so werde ich ein Buch weglegen, wenn mir die Fahrlässigkeit des Stils sogleich in die Augen springt"[1]). Er suchte das Geniale eben nie in der Vernachlässigung der Form.

Was der Künstler auffasst, ist die Idee; ihre Wiedergabe ist die Aufgabe der Kunst überhaupt, also auch der Poesie. Ihr Gebiet ist unendlich gross, denn ihr Material sind die Begriffe, und durch diese sind alle Stufen der Ideen auszudrücken. Wie es ein Stufenreich von Ideen giebt, so giebt es auch eines von Begriffen, welches vom allgemeinsten bis zum speziellsten reicht. Ist aber der Möglichkeit nach, die ganze Natur Gegenstand der Poesie, so wird doch der Wille in seinen niederen Objektitäten, der ein guter Vorwurf der Darstellung in den bildenden Künsten war, der Poesie als ihr Gegenstand weniger willkommen sein, als die Darstellung des Willens, dem schon der Intellekt zur Seite steht. Das Denken, Handeln und Leiden der Menschheit also behandelt die Poesie mit Vorliebe, streng nach der Wahrheit der Idee bildend und das Bedeutsame in bedeutsamen Gestalten verknüpfend. Die Menschen aber, deren Thun und Leiden der Dichter schildert, müssen „idealisch" d. h. sich selbst nicht widersprechend dargestellt sein, und der Zufall muss der naturgemässen Entwickelung weichen. So muss der Dichter, wie Bildhauer und Maler in genialer Ahnung der schaffenden Natur entgegenkommen, und zwar vor allem da, wo die Natur stumm bleibt, muss uns der Dichter im Spiegel der Rede die Stimmungen der vom Schicksal getroffenen Seele zu schildern wissen. Schopenhauer weist hier auf die schönen Worte des Goetheschen Tasso hin, welche der Dichter bei allen seinen Gestalten in Anwendung bringen müsse:

„Und wenn der Mensch in seiner Qual verstummt.
„Gab mir ein Gott, zu sagen, wie ich leide".

---
1) Werke Bd. VI, S. 556.

und lobt in einem Beispiel an Schillers Thekla,[1]) dass sie nicht stumm bleibt bei der Meldung von des Geliebten Todesritt, wodurch wir selbst um so mehr zum Mitempfinden angeregt werden. Beispiele aus dem grossen Wesen der Ideen soll uns die Poesie geben, wie uns die Philosophie dieses Wesen selbst erkennen lehren soll; diese Beispiele sind geprägt nach der Individualität des prägenden Künstlers, und dieser Künstler ist, wenn er seine Muse nicht zur Hetäre herabwürdigt, der „allgemeine Mensch". Schiller nennt diesen „allgemeinen Menschen" den „Menschen überhaupt"[2]), der sich aus den Gefühlen zusammengesetzt, die allen Subjekten gemeinsam sind. Jeder andere trägt wohl auch ein Stück des „allgemeinen Menschen" in sich, aber er wird sich aller Anlagen nicht so bewusst, wie der Dichter, dessen Besonnenheit zum Bewusstsein die Kraft der Darstellung hinzufügt. Nur das Traumorgan ermöglicht uns sonst dieses Bewusstsein im Schlaf und erzeugt uns Traumbilder, die den Dichtungen ähnlich sind; diese Traumbilder wohnen nicht nur im Gehirn, sondern beschäftigen auch die Sinnesnerven, und der Mangel der Rückerinnerung, von dem sie begleitet sind, nähert diese Erscheinung dem Wahnsinn und erklärt zugleich ihre Verwandtschaft mit der Genialität und ihren Werken.

Die Ideen, deren Ausdruck die Dichtung ist, sind ewig und die Empfindungen, denen der Poet Worte leiht, werden immer wieder in anderen Menschen wohnen, wie die Situationen, die uns das Genrebild festhält, immer wiederkehren werden. Ganz analog seinem Urteil über das Historienbild, welches eigentlich nur ein Genrebild ist, dem zufällig Kostüm, Zeitumstände und Namen der dargestellten Personen eine eingebildete Wichtigkeit verleiht, ist auch sein Urteil über das Verhältnis von Stoff und Form in der Poesie. Durch den Stoff zu wirken, ist nach Schopenhauer verwerflich, wie sehr auch der Hang des Publikums nach Kenntnis des Stoffes oft auf Kosten reiner Würdigung der Form geht, und die Form erst vermag es, den Stoff zu adeln und zu würdigem Ausdruck zu bringen. Sie muss durch geschickte Verarbeitung der Begriffe, die das Material aller redenden Künste

---
1) Nachlass S. 366.
2) „Ueber die tragische Kunst". Histor.-krit. Ausgabe. S. 31.

sind, auch die schwächere und trägere Phantasie dazu zwingen, den vom Dichter oft nur angedeuteten Wegen zu folgen, und muss dadurch, dass sie die verschiedenen Begriffssphären sich begrenzen und scheiden lässt, von der abstrakten Allgemeinheit zur Anschauung hinüberleiten, welche allein die Erkenntnis der Ideen ermöglicht.

Ueber das Verhältnis von Stoff und Form hat Schiller in seinem Aufsatz „über die tragische Kunst" gehandelt und betont, dass die Tragödie, deren Zweck Rührung, deren Form Nachahmung einer zum Leiden führenden Handlung ist, eben durch diese Form ihren Zweck mehr erreichen soll, als durch den Stoff. Hierin, sowie in der Auffassung der Form selbst, stimmt er mit Schopenhauer überein, der aber, wie sich zeigen wird, der Tragödie einen ganz anderen Zweck bestimmt.

Das Wohlgefallen, welches wir an dem wichtigen Hilfsmittel, das die Poesie in Reim und Rhythmus besitzt, empfinden, erklärt Schopenhauer auf eine doppelte Weise. Erstens erscheint uns in beiden „ein Bindemittel unserer Aufmerksamkeit, indem wir williger dem Vortrage folgen"[1]), und zwar deshalb williger, weil unsere Vorstellungskräfte die eigentümliche Gewohnheit angenommen haben, in ein sich immer wiederholendes Geräusch gleichsam mit einzustimmen, und zweitens scheint uns diese Uebereinstimmung mit der Form oft einer Uebereinstimmung mit dem Inhalt vorherzugehen. Als eine „für sich gehende Schönheit"[2]), wie sich Schopenhauer ausdrückt, scheint uns für die Dichtung Metrum und Reim das zu sein, was die Technik des Malers durch Farbenpracht und Gruppierung neben der Zeichnung, als dem eigentlich Wesentlichen hervorzubringen vermag. Auch dass gewissermassen der Dichter in Rhythmus und Reim freiwillige Fesseln zu tragen und zugleich wieder in diesen Fesseln freier aus sich selbst herauszutreten scheint, giebt uns ein angenehmes Gefühl. In der Abwägung des Wertes, den Rhythmus und Reim in der Dichtung haben, entscheidet Schopenhauer, — indem er mit Kant, auf den er sich beruft, das Wesen

---

1) Werke Bd. II, S. 287.
2) Werke Bd. III, S. 481.

des Rhythmus nur in der Zeit findet, während der Reim, auf einer Gehörsempfindung beruhend, ganz Sache der empirischen Sinnlichkeit ist, — dahin, dass beide „halb rhetorisch"[1]), der Rhythmus aber das vornehmere und deshalb auch von den Alten dem Reime vorgezogene Hilfsmittel der Poesie ist, also sehr wohl ohne diesen erscheinen kann.

Der Reim dagegen ist, da wo er ohne den Rhythmus erscheint, eine zu schwache Stütze der Poesie und oft ihr Verderben, indem sich der Gedanke nach ihm richten, ummodeln, ja mitunter erst nachträglich suchen lassen muss. Besonders geschieht dies zum Nachteil der Dichtung da, wo der Dichter die binäre Natur des Reimes verkennend, sich in gekünstelten Stanzen oder Sonetten bewegt; in dieser mehrfachen Wiederholung des Reims sieht Schopenhauer einen „ästhetischen Pleonasmus". Da der Reim mit dem Rhythmus verbunden, etwas ungemein wohlgefälliges für unser Ohr hat, bisweilen sogar uns wie Musik anmutet, so kann auch der nachträglich mühsam gefundene Gedanke, der an sich ohne jeden Wert wäre, für bedeutsamer gelten als der gleiche Sinn in der Prosa, welche Schopenhauer einmal treffend das „Hauskleid des Dichters"[2]) nennt. Bei seinen Ausführungen über Rhythmus und Reim macht Schopenhauer eine wohl leicht anfechtbare Bemerkung. Er spricht davon[3]), dass der Sinologe Davis in einem Vorwort zu seinen Uebersetzungen vermutet, die teilweise sehr schwer verständlichen Verse chinesischer Dramen seien darauf berechnet gewesen, gesungen zu werden und „dem Ohre zu schmeicheln, wobei der Sinn vernachlässigt, auch wohl der Harmonie ganz zum Opfer gebracht ist", und Schopenhauer fügt hinzu: „Wem fallen hierbei nicht die oft so schwer zu enträtselnden Chöre mancher griechischen Trauerspiele ein?" Damit wäre eine poetische Wertlosigkeit sophokleischer Chöre auf Kosten eines musikalisch getragenen Rhythmus behauptet; diese Chöre stellt er selbst aber an anderer Stelle sehr hoch und behauptet in seinem

---

1) Nachlass S. 370.
2) Werke Bd. VI, S. 477.
3) Werke Bd. III, S. 490.

Parerga[1]), dass im Chor der Alten die vorurteilslose Besonnenheit das Wort führe; die Besonnenheit gerade kann aber unmöglich in Versen ihren Ausdruck finden, in denen „der Sinn vernachlässigt, auch wohl der Harmonie ganz zum Opfer gebracht ist." Viel eher könnte das rein subjektive und oft verworrene Empfinden sich auf diese Weise äussern, wie denn auch in der That oft Lieder gesungen werden, die gefühlvoll vorgetragen, auch scheinbar durch ihren Inhalt rühren, der von der Melodie getrennt, allein betrachtet, sinnlos oder widersinnig ist.

Ueber die Lyrik sagt Schopenhauer wenig, aber was er von ihr sagt, ist treffend. Man könnte nach dem, was der Philosoph hierüber ausführt, und im Einverständnis mit seiner ganzen Lehre vielleicht behaupten, Thema der Lyrik ist, der **Mensch als Wille und Vorstellung**. Denn der Sänger wird zunächst von dem singen, was ihn erfüllt, in ihm drängt und treibt; das ist aber der Wille, der bald frei und scheinbar am Ziele als jauchzende Freude, bald gequält und behindert als klagende Trauer erscheint; so ist zunächst der Wille, den er im eigenen Zustand findet, Thema seines Liedes. Aber, indem er sich betrachtet, findet er sich auch in der Natur, die ihn anregt zu freier Betrachtung und für Augenblicke sich selbst vergessend, wird er ganz Vorstellung. So besteht der „lyrische Zustand" eigentlich in einem Kontrast, welchen alle Menschen in sich erleben; daher ist es erklärlich, dass schon Macher, bei völliger Unfähigkeit zu jeder anderen Dichtungsart, gerade lyrische Gedichte gemacht hat, die er dann allerdings mehr einer kräftigen Anregung von aussen als einem besonders kräftigen Intellekt verdankte. Besonders in dem Alter, das überhaupt die Zeit der Kontraste ist, im Jünglingsalter, in welches sich neben und bald über die Anschauung, die das Kind allein kannte, der Wille drängt, und sich somit der grösste Kontrast alles Lebens, nämlich der zwischen Genital- und Gehirnsystem entwickelt, ist der lyrische Zustand häufig, und aus ihm heraus haben eminente Menschen wie spielend produziert. Dabei ist der logische Zusammenhang kein dringendes Erfor-

---

1) Werke Bd. V, 471.

dernis; die Gedanken können ganz lose aneinandergereiht sein, nur die zu Grunde liegende Stimmung muss festgehalten werden. Wenn nun das Lied auch nur Momente des subjektiven Empfindens ausdrückt, so kann sein Gebiet doch, sofern das zu Grunde liegende Empfinden einem wirklichen Dichter, der doch der allgemeine Mensch ist, angehört, alle Gefühle der Menschheit umfassen und in den wechselvollen Stimmungen des Dichters wird jeder die eigenen wiederfinden. Die Lyrik ist die subjektivste Dichtungsart, und da jeder sich selbst wiedererkennen will in ihren Dichtungen, so wird der Lieblingspoet eines jeden der sein, dessen Weltanschauung der des Lesers, sei es für den Augenblick, sei es überhaupt, am nächsten kommt. Daraus erklärt es sich, dass die Dichtungen des Grafen Giacomo Leopardi, der 1823 ebenfalls in Rom war, jedoch ohne Schopenhauer näher zu treten [1]), auf unseren Philosophen den tiefsten Eindruck machten, wie aus seinen Werken hervorgeht.

Zu derselben Zeit etwa, als Schopenhauer mit Friedrich Arnold Brockhaus den Kontrakt über „die Welt als Vorstellung" abschloss und nach Italien ging, d. h. in dem Zeitpunkt, den er selbst als Ende des Gährungsprozesses seines Denkens bezeichnet hat, wurde das italienische Publikum aufmerksam auf zwei Canzonen „An Italien", welche aus dem Städtchen Recanati in Ancona den Namen des grossen italienischen Pessimisten Giacomo Leopardi in die Welt trugen. Damals freilich glaubte der zwanzigjährige Leopardi noch an die Befreiung Italiens; kurz darauf verzweifelt seine Dichtung daran, und, mit allen Gebrechen des Lebens kämpfend, hat er gedichtet, was Schopenhauer philosophisch zu begründen suchte. Wenn Leopardi in dem Gedichte „An mich selbst" sagt:

> . . . . „Nur Schmerz und Langweil bietet
> Das Leben, anderes nicht. Die Welt ist Kot
> Ergib Dich denn! Verzweifle
> Zum letzten Mal! Uns Menschen hat das Schicksal
> Nur eins geschenkt: den Tod. Verachte denn
> Dich, die Natur, die schnöde
> Macht, die verborgen herrscht zu uns'rer Qual,
> Und dieses Alles unendlich nichtige Oede", [2])

---

1) Vgl. Gwinner, a. a. O. S. 181.
2) Nach P. Heyses Uebersetzung.

so wird Schopenhauer jedes Wort unterschreiben; die wunderbare Formvollendung des italienischen Dichters hat seinen strengen Sinn für die Form vollends entzückt.

Neben diesen verehrt er als Lyriker Bürger und Burns, und es ist kein Zufall, dass gerade den Dichtungen des ersteren das Motto entnommen ist, das Schopenhauer der Metaphysik der Geschlechtsliebe, also der philosophischen Behandlung des Gegenstandes, der Hauptthema der Lyrik aller Zeiten war, vorangesetzt hat. Am höchsten aber unter allen Lyrikern stellt er Petrarka: „Mir geht allen anderen italienischen Dichtern mein viel geliebter Petrarka vor", sagt er, „an Tiefe und Innigkeit des Gefühls und dem unmittelbaren Ausdruck desselben, der gerade zum Herzen geht, hat kein Dichter der Welt ihn je übertroffen".

Weniger subjektiv als das Lied, ist nach Schopenhauer die Romanze, in der die Stimmung des Sängers gewissermassen Hintergrund und Farbe des Gemäldes leiht und ebenso das Idyll. Noch mehr tritt das Subjektive zurück in Epos und Roman, um schliesslich im Drama ganz zu verschwinden.

Der Roman wie das Epos soll nicht arbeiten mit der Schilderung äusserer Vorgänge, sondern das Innerliche in Menschen und Handlungen soll sein Inhalt sein. Schopenhauer verlangt nicht, dass viel vorgehe, sondern mehr auf den psychologischen Roman hindeutend, will er, dass man im Roman der Menschheit ins Herz und ihren Handlungen auf den Grund sehe. Sieht aber der Verfasser selbst nicht die Idee, sondern bleibt in den Relationen zum Willen hängen, so wird sein Buch nicht als Kunstwerk den Leser erheben, sondern als das Werk eines Phantasten höchstens einem ungebildeten Publikum den traurigen Genuss gewähren, ohne jede tiefere Erkenntnis und zum Schaden des durch die Menge fremder Vorstellungen beschäftigten Gedächtnisses, sich selbst in der Heldenrolle durch alle diese Luftschlösser tragen zu lassen.

Bei guten Romanen scheint Schopenhauer nicht anzunehmen, dass sich der Leser an die Stelle des Helden zu setzen, versucht sei; Goethe denkt hier anders und spricht wohl von guten Romanen, wenn er sagt: „Wie oft wiederholt man nicht die Litanei vom Schaden der Romanen! Und was ist es denn für ein Unglück, wenn ein artiges Mädchen, ein hübscher junger Mann sich an die Stelle der Person setzt, der es besser und schlechter geht als ihm selbst? Ist denn das bürgerliche Leben so viel wert, oder verschlingen die Bedürfnisse des Tags den Menschen so ganz, dass er jede schöne Forderung von sich ablehnen soll?"[1])

Der gute Roman, wie das gute Epos sollen uns nach Schopenhauer die Menschen zeigen, wie sie sind, stets dem zukünftigen Glück nachjagend, hastend, kämpfend und in stetiger Angst, wie es der Dichter beobachtet hat. Denn alle Handlungen, wie die Personen müssen uns vom Leben genommen sein, damit sie zu leben scheinen und zwar bedeutsame Personen in bedeutsamen Situationen immer idealisiert, d. h. sich selbst getreu und von den Zufällen abgesehen nachgebildet.

Aehnlich, wie der bildende Künstler nicht auf empirischem Wege seine Kunstwerke herstellte, sondern nur auf empirischem Wege seinem Ideal entgegenkam, so soll auch der Dichter in Epos und Roman sich, nachdem das Ideal in ihm feststeht, ein Modell in der lebenden Menschheit suchen, das ihm das Ideal nicht verlieren, sondern ihm auf empirischem Wege näher kommen lässt. Für Schopenhauers Beurteilung des Romans ist der eine Satz charakteristisch: „Ein Roman wird desto höherer und edlerer Art sein, je mehr inneres und je weniger äusseres Leben er darstellt."[2]) In diesem Sinne nennt er auch Tristram Shandy, die neue Heloise, Wilhelm Meister und den Don Quixote die „Krone der Gattung". Hoch verehrt er auch die Romane Jean Pauls und Walter Scotts; die Werke des letzteren nimmt er auch zusammen mit Gil Blas und dem vicar of Wacefield von der Regel aus, die er aufstellt für die schädliche Wirkung der Romane auf die Jugend, deren Gehirn sie mit falschen Voraussetzungen und trügerischen Hoffnungen anfüllt, wie weiland das des Ritters von La Mancha.

Gwinner macht darauf aufmerksam, dass unser Philosoph in Wahrheit nicht so viel gelesen habe, wie seine Werke vermuten lassen. Dies erklärt sich aber aus einer gewissen Vor-

---

1) „Wahrheit und Dichtung". XI. Buch.
2) Werke Bd. VI, S. 473.

nehmheit und Furcht vor Zeitverschwendung, welche ihn nach seinem eigenen Ausspruch ein Buch sofort wieder hinlegen liess, sobald er Unebenheit des Stils oder Verstösse gegen die Regeln der Gattung wahrnahm. Das Epos, dem er seinen Platz zwischen Lyrik und Drama anweist, ist — wie die Lyrik, eine jugendliche Kunst, das Drama die Kunst der Reife ist — so recht die Kunst des erfahrenen, behaglich erzählenden Alters. Die alten Historiker waren in ihren Schilderungen von Vorgängen, Thaten und Reden, deren genaue Kenntnis ihnen unmöglich zu teil werden konnte, recht eigentlich epische Dichter, die im Sinne der Idee der Menschheit, die sie in ihrer Entwicklung darstellten, das, was sie nur ahnen, also dichten konnten, ergänzten und so der inneren Wahrheit des Ganzen viel näher kamen, als eine getreue Schilderung von Augenzeugen es vermocht hätte. Hier überblickt der Historiker die Geschichte seines Volkes als Epiker und wir lernen sie durch sein Werk gründlicher und leichter kennen, als durch getreue Berichte, ebenso wie die Autobiographie uns das Leben eines grossen Mannes, auch wenn manches Datum nicht mit dem minderwertigen Tagebuch übereinstimmt, viel besser schildert, als der fleissigste und gewissenhafteste Biograph; denn wir sehen das Leben hier vor uns liegen in seinen grossen Zügen und alle die kleinen, die das Bild nur verundeutlichen können, die aber der Biograph hübsch sorgfältig eintragen muss, sind verwischt und verschwunden. War die Lyrik nur Ausdruck des eigenen Zustands, so ist im Epos das Subjektive schon fast ganz verschwunden und es gilt hier, die Idee der Menschheit wiederzugeben in bedeutsamen Situationen und bedeutsamen Trägern der Handlung. Wie die Wasserkunst die Idee des Wassers zeigen muss, indem sie es in die Höhe treibt, fallen und zerstäuben lässt, wieder sammelt und zu neuer Entfaltung leitet, so ist es die Aufgabe der objektiven Dichtungsgattungen, die Idee der Menschheit in ächten Thaten und ächten Schicksalen zu offenbaren. Das gelang vor allem Goethe in neuer Zeit, den Schopenhauer deshalb auch im Gegensatz zu dem subjektivesten Dichter, Lord Byron, den objektivesten nannte. Im Altertum aber war es Homer, der unbekümmert um die Schicksale der Helden und die Stimmung des Augenblicks, den Dingen nur solche Prädikate gab, die ihnen immer zukommen. Bei Dante bewundert Schopenhauer die ungeheure Phantasie, aber er findet die divina commedia, ebenso wie die Werke des Tasso, überschätzt und ihren poetischen Wert durch Vergesslichkeiten des Dichters und eine grausame Moral getrübt; das Inferno nennt er geradezu „eine Apotheose der Grausamkeit"[1]).

Epos und Roman finden in den Werken Schopenhauers nur eine kurze und zersplitterte Behandlung; dagegen widmet er der dritten und höchsten objektiven Dichtungsart eingehende Betrachtungen, nämlich dem Drama. Im Drama ist das Subjektive ganz gewichen und es gilt, die Idee der Menschheit getreu der Natur darzustellen und von der Bühne aus all das Furchtbare und Schreckliche dem Zuschauer vor Augen zu führen, dass er sich abwendet von diesem Leben, das den Bestrebungen nur die Enttäuschung und dem Genuss nur neue Begierde oder Langweile folgen lässt. Das geschieht aber schon auf der höchsten Stufe des Dramas, im Tragischen; zwei Stufen liegen hinter ihr; auf der ersten machen die den unsern ähnlichen Zwecke der handelnden Personen uns diese interessant und lassen uns ihren durch Intrigue und scherzhaften Zufall verwirrten Pfaden mit behaglichem Interesse folgen; auf der zweiten, der sentimentalen Stufe, erweckt der Held durch seinen Charakter, in dem wir Züge des eigenen finden und durch seine Schicksale, die wir aus dem eigenen Leben kennen oder in demselben für möglich halten, unser Mitleid, um aber zum Schluss zu unserer Befriedigung aus den Kämpfen als Sieger hervorzugehen; auf der letzten und höchsten unterliegt der Held, aber nicht einer poetischen Gerechtigkeit entsprechend; hier gilt es „der Menschheit ganzen Jammer" zu schildern, den Sturz des Hohen und Gewaltigen und die Erhöhung des Schlechten und Gemeinen. Emportragend über die Relationen des Willens erreicht also die Tragödie als höchste Stufe des Dramas, dasselbe, wie das Dynamisch-Erhabene. Dort wie hier schweigt der Wille, um die reine Anschauung desjenigen zu gestatten, was seinem innersten Wesen zuwiderläuft. Die Gerechtigkeit der Tragödie verwerfend, steht Schopenhauer auf dem Standpunkt, dass Resignation

---

1) Werke Bd. VI, S. 476.

Resultat der Tragödie sein müsse, da sie allein der Erkenntnis teilhaftig ist, dass das Leben nicht wert ist, gelobt zu werden. Eine gewisse Aehnlichkeit mit dieser „Resignation" hat die Schillersche letzte und höchste Stufe, „zu welcher die rührende Kunst sich erheben kann"; „dies geschieht" (nämlich der letzte Knoten löst sich und jeder Schatten von Unlust schwindet mit ihm) sagt Schiller „wenn selbst diese Unzufriedenheit mit dem Schicksal hinwegfällt und sich in die Ahndung oder lieber in ein deutliches Bewusstsein einer teleologischen Verknüpfung der Dinge, einer erhabenen Ordnung, eines gütigen Willens verliert". Dies ist auch Resignation, aber nicht aus Verachtung der Welt, sondern aus Liebe zu Gott.

Da Schopenhauer die Resignation, die seine Willenslehre krönt und in der er deshalb auch das Resultat der höchsten aller Künste erblickt, in den Tragödien der Alten entweder gar nicht, oder durch menschlichen oder göttlichen Trost gemildert findet, so erkennt er die Meisterschaft in der Tragödie nicht der Antike zu, die in den bildenden Künsten und im Epos Lehrerin sein muss. Hierin ist er einig mit Schiller, welcher auch von seinem Standpunkt zu dem Resultat kam, dass in der Tragödie allein die neue Kunst die Antike übertreffen kann.

Schopenhauer spricht es aus: „Ich bin auch ganz der Meinung, dass das Trauerspiel der Neueren höher steht, als das der Alten. Shakespeare ist viel grösser als Sophokles: gegen Goethes Iphigenia könnte man die des Euripides beinahe roh und gemein finden"[1]).

Den Zweck der Tragödie, Furcht und Mitleid zu erregen, wie ihn Aristoteles aussprach, wendet Schopenhauer zu Gunsten seiner Lehre, indem er beweist, dass Zweck einer Kunst nie ein unangenehmes Gefühl, wie Furcht und Mitleid sein kann; ein angenehmes Gefühl liegt aber in der Resignation, zu der als dem Zweck allerdings Furcht und Mitleid als die Mittel führen können. So stirbt der Held in der Tragödie, nachdem er gekämpft und gelitten hat, vor unseren Augen, nicht um Mitleid zu erregen, sondern um unser Lehrer zu sein; er hat

---

1) Werke Bd. III, S. 496.

als bedeutsamer Charakter — denn nur ein solcher darf Held einer Tragödie sein — unter dem Einfluss gewaltiger Motive mit riesiger Kraft gekämpft und, wenn ihn Hinterlist oder böser Zufall doch ins Verderben gestürzt haben, stirbt er wehrlos, aber auch ohne sich wehren zu wollen: denn die Motive haben sich zum Quietiv des Willens geläutert. So stirbt er schuldlos, und sein Tod ist keine Sühne für ein Verbrechen, sondern nur dafür, dass er gelebt hat.

Ein Leiden also ist Thema der Tragödie. Auch Schiller hatte „Darstellung der leidenden Natur" als erstes Gesetz der tragischen Kunst verlangt, aber als zweites, Darstellung des moralischen Widerstandes, da nicht aus dem Leiden, wohl aber aus dem ihm entgegengesetzten Widerstand eine Quelle des unmittelbaren Vergnügens für den Zuschauer entspringt. Für ihn gehört die Tragödie zu den „rührenden Künsten" und in dem ihr gewidmeten Aufsatz „Ueber die tragische Kunst" führt er ihren Zweck aus. Das Vergnügen des Mitleids, durch die Nachahmung von Handlungen, die Mitleid zu erwecken vermögen, dem Zuschauer bereitend, soll uns die Tragödie zeigen, wie eine moralische Zweckmässigkeit einer höheren aufgeopfert wird, und uns dadurch eine gewaltige Achtung vor dem Sittengesetz einflössen; diese Achtung kann natürlich in Allem nicht die gleiche sein, und das Mass der Rührung ist in dem Einzelnen dem Mass entsprechend, in welchem jeder die höchsten Zwecke zu erkennen befähigt ist. Bei Schopenhauer ist nicht Erhöhung der Achtung vor dem Sittengesetz durch Erkenntnis moralischer Zweckmässigkeit der Endzweck der Tragödie, sondern einzig und allein die Resignation, zu der sich entweder der sterbende Held durchgekämpft hat, oder die sein Fall uns lehrt. Um den Untergang des Helden herbeizuführen, hat der Dichter nach Schopenhauer drei Wege; entweder durch die Tücke eines Menschen oder durch die Tücke des Schicksals oder endlich weder durch die Bosheit eines Mitmenschen, noch durch den blinden Zufall, sondern durch seine Stellung zu anderen Personen, von denen keine an sich ein Bösewicht ist, die aber alle durch die Konsequenzen ihrer Charaktere gezwungen sind, sich gegenseitig zu verderben. Lagen die Beispiele für Tragödien, in denen die ersten beiden Wege vom Dichter gewählt sind, auf der Hand, so waren die

Beispiele für die dritte Gattung, in der er die höchste sieht, weil weder fast unglaubliche Bosheit, noch unerwartetes Geschick, sondern glaubliche und erwartete Konsequenzen aus den vor uns enthüllten Charakteren das Unheil herbeiführen, schwieriger zu finden — und da, wo sie sich zeigten, wie Schopenhauer selbst zugiebt, oft nur teilweise zutreffend. Ein vollkommenes Beispiel sieht er im „Clavigo". „Hamlet", „Wallenstein" und „Faust" gehören nur in einzelnen ihrer Teile hierher.

In dieser letzten Gattung der Tragödie hat auch Schiller ihre höchste Stufe gesehen; er sagt in seiner Abhandlung „Über die tragische Kunst": „Es wird jederzeit der Vollkommenheit seines Werkes Abbruch thun, wenn der tragische Dichter nicht ohne einen Bösewicht auskommen kann und, wenn er gezwungen ist, die Grösse des Leidens von der Grösse der Bosheit herzuleiten", und ferner: „Ein Dichter, der sich auf seinen wahren Vorteil versteht, wird das Unglück nicht durch einen bösen Willen, der Unglück beabsichtigt, noch viel weniger durch einen Mangel des Verstandes, sondern durch den Zwang der Umstände herbeiführen"[1]). Schiller sucht dann diese Umstände allerdings mehr in den willenlosen Dingen, als in den Personen; wenn man aber erwägt, dass die Personen doch auch nicht über ihre Natur hinaus wollen können, so berührt sich das Ideal der Schillerschen Tragödie mit demjenigen Schopenhauers sehr nahe.

Schopenhauer hatte in der Geschlechtsliebe nur die weise Vorsicht des Genius der Gattung gesehen und immer betont, dass die Gattungszwecke denen des Individuums vorgehen; das gerade ist es, was · die Tragödie der Liebe beweisen will, und jede eingeflochtene Liebeshandlung in Dramen wie in Epos und Roman aufs neue mit Beweisen belegt. Eltern und Berater haben die Zwecke des Individuums, d. h. der Tochter oder des Sohnes im Auge; die Liebenden aber glauben das eigene höchste Glück anzustreben, indem sie doch nur der Erfüllung des Gattungszweckes entgegendrängen. Wir aber, den gleichen Trieben unterworfen, nehmen Anteil an ihrem

---

[1]) Histor.-krit. Ausgabe. Bd. X, S. 25.

Schicksal und in ihnen Partei für die Gattung und ihre Zwecke. Da die Liebe im Leben jedes Menschen eine poetische Epoche ist, so ist ihre Darstellung vor allem geeignet zur poetischen Behandlung, und des Interesses der Leser oder Hörer gewiss. Ist nun das Liebespaar an der Verbindung gehemmt, und ergeben sich daraus Leiden, welche den Geist verwirren, sodass, seine Objektität, den Körper, zu retten, der Wille zum Wahnsinn greifen und die Relationen zur Vergangenheit im Gedächtnis zerstören muss, oder ist das Individuum der gewaltigen sehnsüchtigen Kraft nicht gewachsen, und glaubt der Intellekt, den Willen durch Selbstmord aufzuheben, so ergeben sich Stoffe für die Tragödie. Ist aber der Liebende ein höchst prosaischer oder unbeholfener Mensch, so erhält sein Wesen, wenn er plötzlich in dem poetischen Stadium seines Lebens seinen Wünschen in Worten Ausdruck leiht, die ihm sonst fehlen und deshalb nun nicht anstehen, oder sich zu Handlungen hinreissen lässt, die mit seinem sonstigen Wesen kontrastieren, einen komischen Anstrich und wir folgen lächelnd seinem Treiben in der Komödie, ohne jedoch das Gefühl zu verlieren, dass es sich um die Gattungszwecke handelt, und uns demnach mit ihm zu freuen, wenn er zum Ziele gelangt. Wo aber ein Liebespaar, sei es in Komödie oder Drama sich gefunden hat, verlassen wir sie befriedigt durch ihre eigene Täuschung, dass nun wirklich ihr dauerndes Glück gesichert sei. Diesem Wahn entreisst uns die Tragödie; sie schildert uns die Gefühle der Liebenden, in poetischer Weise lässt sie sich für einen seligen Augenblick finden, in dem der Zuschauer das Verderben schon ahnt oder kommen sieht und bringt dann den Genius der Gattung zum Unterliegen, was bei uns Furcht und Mitleid erweckt. Dass der Verliebte Quälereien, Fehler, ja selbst eine schlimme Zukunft verheissende Untugend der Geliebten erträgt, führt ebenso leicht zu den lustigsten Scenen der Komödie wie zu den tragischsten der Tragödie, zeigt aber immer deutlich, dass nicht der eigene Zweck, nicht Drängen nach eigenem Glück das massgebende ist, sondern der Gattungszweck allein; was am schlagendsten noch dadurch bewiesen wird, dass die verschmähte Liebe, bei der Mephistopheles flucht, des furchtbarsten Hasses fähig ist, sich aber dennoch nicht aufgeben kann.

Ganz absurd findet es unser Philosoph, dass der „Kampf des Menschen mit dem Schicksal" als Inhalt der Tragödie verkündet werde; ein derartig aussichtsloser Kampf mit einem tausendfach überlegenen und noch dazu unsichtbaren Gegner setzt das voraus, was Schopenhauer die „Marotte aller Ignoranten" nennt, die Willensfreiheit. In Wahrheit ist nach Schopenhauer Thema des Trauerspiels: Darstellung eines grossen Unglücks, Darstellung des Untergangs eines bedeutenden Charakters, dessen Kraft und Geist ihn nicht befreien konnte von dem Fluch der Erbsünde geboren zu sein, der denn auch den Resignierten in die Vernichtung stürzt. Eine solche Tragödie zu schreiben, ist ungemein schwierig, und es gehört nach der Meinung unseres Philosophen der Satz: dass eine gute Komödie schwerer zu schreiben ist, als eine gute Tragödie, zu den „allgemein beliebten und fest akreditierten täglich von Unzählbaren mit Selbstgenügen nachgesprochenen Irrtümern"[1]).

Dem Lustspiel verzeiht man jede Verzeichnung des Charakters schon eher, da sich seine Personen überhaupt der Karrikatur nähern, aber der tragische Dichter soll echte Menschen auf die Bühne bringen, er soll sich fühlen, wie Goethes Promotheus, der sagen darf: „Hier sitz' ich, forme Menschen — Nach meinem Bilde, — Ein Geschlecht, das mir gleich sei, — Zu leiden zu weinen — zu geniessen und zu freuen sich." Vor allem aber muss der Held selbst ein echter Mensch sein, mit der nur dem Menschen eigentümlichen Kraft in hohem Masse begabt und nicht ohne menschliche Schwächen; ob dieser selbst am Ende der Tragödie die Wertlosigkeit der Lebensgüter eingesehen und den trügerischen Lockungen dieser Welt zu entsagen gelernt hat, bleibt für die Tendenz des Ganzen gleichgültig; diese Tendenz bleibt in allen Fällen: die Resignation, und wo der Held noch nicht bis zu ihr durchgedrungen ist in der Erkenntnis, leuchtet sie dem Zuschauer doch ein und er wird angeregt, sich von den Schrecknissen und nie erfüllten Begehrungen des Lebens, wie er es an sich vorbeiziehen sah, wegzuwenden und jener schmerz- und begierdelosen Ruhe zuzustreben, wie sie

---
1) Werke Bd. VI, S. 63.

allein die Verneinung des Willens zum Leben gewährt. Die antike Kunst kannte für den Helden nur eine beschränkte Resignation, aber der Chor sprach zuweilen das aus, was nach Schopenhauer Tendenz der Tragödie ist.

Die Dauer eines Dramas soll nach Schopenhauer drei Stunden nicht überschreiten, um nicht zu ermüden; in dieser Zeit können uns die Menschen und ihre Schicksale, natürlich mit Vernachlässigung der unwesentlichen Kleinigkeit und nur in für die Charaktere der Handelnden entscheidenden Situationen, vor Augen geführt werden, wobei der Anfang, in dem wir uns ganz der Führung des Dichters überlassen, wesentlich leichter ist, wie der Schluss, von dem wir Bestimmtes erwarten und der uns weder erzwungen scheinen, noch eine längst erwartete Wendung nehmen darf. Am wenigsten aber soll eine Verstimmung zurückbleiben, wie bei „Emilia Galotti", die er hierfür als gutes Beispiel anführt. Die Einheit von Ort und Zeit soll im Drama nur insofern beobachtet werden, als sie von der Einheit der Handlung erfordert wird; fehlerhaft findet es Schopenhauer, die Einheit allein in dem Helden zu suchen, wofür er „Heinrich VIII" als Beispiel anführt. Ebenso fehlerhaft, wie diese Freiheit des Engländers, die dann Goethe auch für den „Götz" in Anspruch nahm, findet er die allzu peinliche Genauigkeit, mit welcher der Franzose sich an die Einheit hält und nur das einzig und allein zur Sprache kommen lässt, was direkt auf die Handlung Bezug nimmt, wodurch einerseits der Spielraum für die Entwickelung der Charaktere beschränkt wird, anderseits die Handlung uns schnell zu ermüden beginnt.

Die Handlung muss getragen werden von echten Menschen, die deshalb eine Darstellung von vorzüglichen Schauspielern, d. h. solchen, die selbst „ganz komplete Exemplare der menschlichen Natur" und durch Phantasie, Erfahrung und die Gabe der Vorstellung ausgezeichnet sind, erfordern. Die idealisierten Menschen, wie Schopenhauer sie auf der Bühne sehen will, sind nicht künstlich verfertigte, in Wahrheit höchst selten erscheinende Vertreter der Gattung, bei denen nie Untugenden ganz fehlen und nur die Tugenden in deutlicher Ausprägung sich zeigen, sondern Menschen, die wir in der kurzen Zeit, die uns das Stück zu ihrer Beobachtung zumisst, sich selbst konsequent handeln sehen, sodass wir auch von ihrem Benehmen und Auftreten in anderen, uns hier nicht gegebenen Situationen eine deutliche Vorstellung gewinnen. Die allzu edelmütigen Charaktere darzustellen, ist meist Sache niederer Poeten, die nur mit der Uebertreibung arbeiten können; die grossen Dichter sind immer wahr, und Shakespeare und Homer kennen den überschwänglichen Edelmut nicht, mit dem Iffland und Kotzebue ihre Helden ausstatteten, und den selbst Lessing in seiner „Minna von Barnhelm" allzu freigebig verwendet.

Trotz des hier ausgesprochenen Vorwurfes nennt Schopenhauer an anderer Stelle[1]) das Ifflandsche Schauspiel „Die allein ächte deutsche Komödie", und findet, dass Schiller und Schlegel gegen Iffland, wie gegen Kotzebue zu scharf vorgegangen seien. Der Posa Schillers scheint ihm mehr Edelmut in seiner einen Person zu fassen, als „Goethes sämtliche Werke" enthalten.

Den Gipfel der Poesie bildet somit nach Schopenhauer das Drama, und innerhalb des Dramas steht wiederum die Tragödie am höchsten. Dass sich nun die Tragödie besonders gern ihre handelnden und leidenden Personen auf dem Gipfel der Menschheit unter Fürsten und Königen sucht, das erklärt Schopenhauer aus der Notwendigkeit, dem Zuschauer wirklich ein **grosses Unglück** vor Augen zu führen; wenn aber bürgerliche, uns gleichgestellte Personen ins Elend geraten, so empfinden wir, eines solchen Anblicks durch das tägliche Leben gewohnt, nicht das erschütternde Gefühl aus Angst und Mitleid gemischt, das uns überkommt, wenn wir Personen von ganz anderer „Fallhöhe" plötzlich durch menschliche Bosheit oder unerforschliches Schicksal in Not und Elend gestürzt sehen. Deshalb ist die Tragödie, die in der höheren Sphäre ihre Helden sucht, ihrer Wirkung sicherer, als die bürgerliche Tragödie, die er zwar durchaus nicht verwirft, aber mit Recht in alter, wie neuer Zeit hinter jener zurückstehen sieht.

Bei seiner auch in anderen Künsten hervortretenden Geringschätzung für alles Historische erwähnt Schopenhauer die historische Tragödie kaum, aber es ist wohl in seinem Sinne gesprochen, was Schiller am 20. August 1799 an Goethe schreibt;

---

1) Werke Bd. VI, S. 472.

es heisst da, nachdem er den neu in ihm aufgetauchten Plan zu Warbeck kurz skizziert hat: „Ueberhaupt glaube ich, dass man wohlthun würde, immer nur die allgemeine Situation, die Zeit und die Personen aus der Geschichte zu nehmen und alle übrige poetisch frei zu erfinden, wodurch eine mittlere Gattung von Stoffen entstünde, welche die Vorteile des historischen Dramas mit dem erdichteten vereinigte".

Die alte Tragödie könnte überhaupt nur die Könige als Helden, und gab ihnen den Chor bei, der nach Schopenhauer die doppelte Aufgabe erfüllte, sowohl über den augenblicklichen Vorgang ein besonnenes Urteil zu fällen, wie es den mitten in der Handlung stehenden Personen nicht möglich ist, als auch die durch das Stück selbst in Vorgängen dargelegte Moral in deutliche Worte gefasst, auszusprechen. Diese doppelte Aufgabe, die er dem Chore der Alten zuschreibt, deckt sich nicht mit der oben angeführten Bemerkung über die Chöre des Sophokles und ebenfalls nicht ganz mit der späteren Bemerkung in den Parerga [1]), wo er vom „Egmont" spricht und sagt: „Die Volksscenen im Egmont sind der Chor." Die Volksscenen im Egmont geben wohl Exposition des Ganzen, indem sie uns den Helden kennen lehren, ehe wir ihn gesehen haben, zugleich geben sie Hintergrund und Zeitkolorit, aber weder die ruhige Besonnenheit in Urteilen über die Vorgänge der Handlung, noch die in deutliche Worte gefasste Moral des Ganzen spricht aus ihnen. Wenn man die Volksscenen im Egmont mit dem Chor der Alten vergleichen wollte, so könnte man das nur, indem man den Chor etwas weiter fasst, als Schopenhauer dies gethan hat, und sagt: wie im Chor der Alten der Dichter neben den von Schopenhauer angegebenen Zwecken zeigen will, wie sich in teils niederen Seelen, teils erfahreneren Köpfen diese Vorgänge spiegeln, so zeigen uns die Goetheschen Volksscenen im Egmont, wie Auftreten, Leiden und Untergang eines in seiner Sorglosigkeit genialen, grossen Mannes sich widerspiegeln in den von niederen und kleinlichen Trieben und Sorgen bewegten Gemütern der Gassen von Brüssel. Hatte Goethe im „Tasso" für die Verwandtschaft von Genie und Wahn-

---

1) Werke Bd. VI, S. 478.

sinn im Sinne Schopenhauers ein herrliches Beispiel gegeben, so ist der Egmont vielleicht als ein Beispiel für den genialen Leichtsinn, Oranien und Macchiavell als Beispiel für den nüchtern praktischen Verstand und die Brüsseler Bürger als Beispiele von „ordentlichen Mitgliedern des Packs der Menschheit" anzuführen. Alle diese Beispiele illustrieren aber nur das eine grosse Grundthema der Tragödie: die Idee der Menschheit, die keiner mit so grossartigen und wahren Zügen wiederzugeben wusste, wie Shakespeare, vor dem Schopenhauer eine unbegrenzte Hochachtung zeigt. Wie der Weltgeist selbst steht Shakespeare über seinen Gestalten und lässt diese sich konsequent entfalten, oft durch mehrere Stücke hindurch, wobei der Zuschauer einer freien Entwickelung des Einzelnen, wie des Ganzen zu folgen glaubt, während doch in jeder einzelnen handelnden Person der Wille mit Notwendigkeit jedesmal dieselben Motive unter den ihm vom Intellekt vorgehaltenen entscheidend auf sich wirken lässt, wodurch das Ganze den notwendigen Gang geht, den zu schildern der Dichter nur selbst konsequent zu sein braucht. „Bei Shakespeare und so auch bei Goethe", sagt Schopenhauer[1]), „hat Jeder, während er dasteht und redet, vollkommen Recht, und wäre er der Teufel selbst". Diese unparteiische Schilderung der Leidenschaften des Menschen in ihrer naturgemässen Entwickelung, die unser Philosoph hier an Shakespeare rühmt, war der Berührungspunkt der Dichtungen des grossen englischen Tragikers und der Moralphilosophie seines grossen zeitgenössischen Landsmannes Francis Baco.[2])

Das Objekt aller Kunst ist die Idee, von der niedrigsten Kunst, der Baukunst, die nur die niedrigsten Willensobjektitäten anschaulich macht, bis zur dramatischen Kunst, welche die Idee der höchsten Willensobjektität, des Menschen, dem Beschauer rein, wie sie der Dichter gesehen, vorführt. Alle Künste sind Nachbilder; ein solches ist auch die letzte Kunst, die zu behandeln noch übrig bleibt. Es ist die Musik, welcher unser

---

1) Werke Bd. VI, S. 249.
2) Vgl. Kuno Fischer: Francis Baco und seine Nachfolger. 2. Aufl. Leipzig 1875. S. 289 ff.

Philosoph in seinen ganz originellen Ausführungen vielleicht die schönsten Partien der gesamten Kunstlehre gewidmet hat.

E. Musik.

Alle anderen Künste brachten durch Darstellung der Einzeldinge uns die Erkenntnis der Idee nahe, durch die Ideen objektivierten sie uns den Willen. Die Musik allein vermag es, die zwischen Wille und Einzelding als feste Stufe der Willensobjektivation stehende Idee zu überspringen und den Willen selbst, weil unmittelbar, um so inniger zu objektivieren. Als einzige Kunst, welche sich nicht am Abbild genügen lässt, sondern den Willen selbst in sich spiegelt, ergreift sie uns am gewaltigsten, und jeden Hörer durchzittert das dunkle Gefühl der Erkenntnis, welche Schopenhauer zum ersten Mal in die klaren Worte fasste: „Die Musik überhaupt ist die Melodie, zu der die Welt der Text ist."

Ganz in diesem Sinne Schopenhauers wirft Richard Wagner, dessen begeisterte Verehrung für unseren Philosophen wohl bekannt ist, in seinem Aufsatz über Beethoven[1]) mit Faust die Frage auf: „Welch' Schauspiel! Aber ach, ein Schauspiel nur!" „Wo fass' ich dich, unendliche Natur?" — „Diesem Ruf", fährt er fort, „antwortet nun auf das Allersicherste die Musik". Dies ist ganz im Sinne Schopenhauers gesprochen.

Da nun der Erscheinungswelt nur der Wille zu Grunde liegt, so umfasst das Gebiet der Musik alles Metaphysische, das Ding an sich; sie drückt nicht, wie die anderen Künste, das Besondere aus, sondern das Allgemeine. Deshalb verwirft Schopenhauer Haydns malende Musik und lobt die Musik Rossinis, weil sie der menschlichen Worte nicht bedürfend, weder das Gesungene erklärend, noch von ihm erklärt, die Sprache des Allgemeinen redet und die Trauer, die Freude zu schildern versteht, ohne sich in das Spezielle der Motive zu verlieren. Will die Musik Einzeldinge malen, so verliert sie ihre höchste Kraft; sie ist dazu bestimmt, in unmittelbarer Darstellung des Willens, über-

---

1) Richard Wagner: Gesammelte Schriften und Dichtungen. Bd. IX. Leipzig 1873. S. 89.

haupt den Willen, wie er im Einzelnen lebt, mächtig zu erschüttern, uns zu erheben und zu läutern, indem sie uns eine Höhe zeigt, zu der sich das Einzelne im Ganzen erheben kann. Sie ist darum eine ernste Kunst und kann wohl heiter, nie aber lächerlich sein; sie zeigt sich gern bald erregend, bald besänftigend, aber da ihr Objekt erhaben ist über die Täuschung, auf der allein das Komische beruht, so kann sie uns wohl weinen lassen, kann uns heiter und zufrieden stimmen, nie aber zum Lachen bringen.

Da nach Schopenhauer die Musik der künstlerische Ausdruck des allem zu Grunde liegenden Willens ist, so wäre, wenn ihr Wesen sich in Begriffe fassen liesse, eine Nacherzählung in Worten des in Tönen vernommenen der einzig wahren Welterkenntnis gleichzuachten. Der Wille, das unmittelbare Objekt der Tonkunst, ist, wie seine Objektivationen in der Erscheinungswelt in dem beständigen Kampfe der Höheren gegen die niederen oder derer auf gleicher Stufe gegen einander deutlich beweisen, mit sich selbst im Widerspruch, weshalb die Musik eine durchaus reine, ja selbst nur arithmetisch reine Harmonie nicht kennt. Sie giebt nur ein Bild unserer Willensbefriedigung, die immer eine kurze ist, in der Konsonanz, und zwar ist dieses ein auf physisch-mathematischer Grundlage entworfenes Bild des unbefriedigten Willens.

Diese einzige, den Willen unmittelbar darstellende und deshalb unser Empfinden so tief erschütternde Kunst findet ihren Text in all' den unzähligen Stufen der Willensobjektivation, deren Summe erst den einen und über die Zeit erhabenen Willen ausmacht. Wir lauschen der Musik als einer Sprache der Empfindung, aber auch die Vernunft wird angeregt und ist bemüht, wo nicht ein Text in Worten das Verständnis erleichtert, selbstthätig dem Wechsel der Accorde, dem Aufblühen der Konsonanz aus den Dissonanzen die richtigen Vorbilder unterzulegen. So erkennen wir denn deutlich, was wir zuvor nur dunkel empfunden haben, dass es die Melodie vor allem ist, die abirrend und wiederkehrend bald von den begleitenden Accorden scheinbar verschlungen, bald sich in ruhiger Klarheit wieder über sie erhebend, einen Grundgedanken zu verfolgen scheint, und so das zielbewusste Leben der höchsten Willenserscheinung in seinen kurzen Freuden und langen Leiden wiederspiegelt. Der Mensch ist es, der sein eigenes Leben in der Melodie empfindet, wie sie der geniale Komponist in einer Sprache, die höher ist, als die Begriffe, ausgesprochen hat. Auch hierin ist Richard Wagner mit Schopenhauer einig: er sagt vom Komponisten: „Nur ein Zustand kann den seinigen übertreffen, der des Heiligen, namentlich auch, weil er andauernd und untrübbar ist." Auch für ihn ist der Augenblick der Komposition ein Moment der Ekstase; der Schöpfer des Tonwerks wird im Schaffen zum Hellseher, und während er nur nach den Gesetzen der Kunst das „rhythmische" und „harmonische" Element, durch deren Versöhnung und Entzweiung die Melodie ihren mächtigen Eindruck gewinnt, zu der täuschenden Wirkung des Zufalls zu verbinden und zu trennen scheint, sieht er in Wahrheit das Bild des allmächtigen Willens; wie sich ihm dieser als stets derselbe und doch stets ein anderer zeigt, so erschöpft auch der Reichtum seiner Melodien niemals das ganze Wesen des Metaphysischen, das hier unvermittelt zu ihm spricht. Die ganze Stufenordnung der Willenserscheinung erkennt Schopenhauer wieder in der Musik, vom Grundbass, welcher den Willen spiegelt, wie er sich in der unorganischen Natur objektiviert, bis zur leitenden Melodie, die von dem durch den Intellekt erleuchteten Willen erzählt.

Im Reiche der Künste nimmt daher die Musik den höchsten Rang ein, den niedrigsten die Architektur. Grundverschieden in ihrem Wesen, indem die Baukunst den Raum verlangt, die Musik hingegen nur in der Zeit lebt, werden sie dennoch durch eine Aehnlichkeit der äusseren Form vergleichbar, da in der Musik der Rhythmus das ordnende Prinzip ist, wie in der Architektur die Symmetrie. Auch der Abweg, auf welchem Schopenhauer die Melodie seiner Tage begriffen findet, scheint ihm einen Vergleich mit dem Irrweg zu erlauben, auf dem sich die Baukunst der spätrömischen Kaiserzeit befand, die über die Verzierungen, die Schönheitsgesetze der Architektur, die einfach zweckmässige Verteilung von Last und Stütze ganz aus dem Auge verlor, ja absichtlich ignorierte. Für ihn ist die Melodie — ganz in Einklang mit seiner Lehre von der Wiedergabe, die durch sie der Wille auf höchster Stufe seiner Objektivation findet, — das

Höchste in der Musik, und mit Unrecht wird die Harmonie, der er eine mehr dienende Stellung anweist, an ihre Stelle gesetzt. Die Melodie spricht allgemein zu uns; sie erzählt von unbefriedigten und befriedigten Wünschen, von zwecklosem Streben des Willens im Menschen; der Text kann nur den einzelnen Fall liefern und somit die Vernunft von gänzlicher Unthätigkeit beim blossen Empfinden befreien. Somit ist der Text stets das untergeordnete an der musikalischen Komposition und muss, wo er auftritt, einfach sein. In der grossen Oper sieht Schopenhauer bei aller Hochachtung vor Mozart und Rossini einen Verderb der Musik.

Schon Kant hatte an der Stelle, an welcher er von Verbindung mehrerer Künste sprach, auch die Oper erwähnt und gelehrt: „in diesen Verbindungen ist die schöne Kunst noch künstlicher, ob aber auch schöner, kann in einigen dieser Fälle bezweifelt werden"[1]). Die Oper ermüdet durch ihre Länge, durch meist fade Handlung, durch erkünstelte Arien tiefer Stimmen, die Schopenhauer für unberechtigte Träger der Melodie erklärt, und durch unsinnigen Text, durch welchen sich gar manche Komponisten (er führt Gluck an) verführen lassen, eine ohne Text unverständliche Musik zu schreiben. Viel höher als diese „unmusikalische Erfindung zu Gunsten unmusikalischer Geister" steht die Messe und die Symphonie.

Hier berührt sich Schopenhauer mit dem der Musik geringere Beachtung entgegenbringenden Kant, welcher die Phantasie in der Musik, ja „die ganze Musik ohne Text" zur „freien Schönheit" rechnet[2]). Auch Schopenhauer nennt die Schönheit der Kunst in Messe und Symphonie eine freie; denn sie kann frei zu uns reden, unbehindert auf uns wirken als einzige Kunst, die jede Vermittelung durch Idee und Begriff verachtet, und, von einem hellsehenden Genius erkannt und gestaltet, den Willen in uns zum Schweigen bringt, um ein grossartiges Bild des in Allem lebenden Willens zu entrollen.

---

1) Werke Bd. IV, S. 199.
2) Werke Bd. IV, S. 79.

Richard Wagner hat Recht, wenn er von der Schopenhauer'schen Anschauung über Musik sagt [1]: „Ueber das Verhalten zu den plastischen Formen der Erscheinungswelt, sowie zu den von den Dingen selbst abgezogenen Begriffen, kann unmöglich etwas Lichtvolleres hervorgebracht werden."

---

[1] R. Wagners ges. Schriften Bd. IX. S. 96.

Curriculum vitae.

Geboren wurde ich, Rudolf Otto Hermann Presber, ¿ Sohn des Schriftstellers Dr. phil. Hermann Presber, am 4. J 1868 zu Frankfurt a. Main. Ich besuchte zunächst von Oste 1875 bis Ostern 1878 die dortige Wöhlerschule, trat darauf das Gymnasium meiner Vaterstadt, welchem ich bis Ostern 18 angehörte. Das Reifezeugnis erwarb ich, nachdem ich zwei Jah Schüler des Karlsruher Gymnasiums gewesen war. Währe: dreier Jahre, von Herbst 1888 bis Herbst 1891, widmete ich mi alsdann dem Studium der Philosophie und neueren Litteratu und zwar studierte ich ein Semester lang in Freiburg, die übrig fünf in Heidelberg. Hier hörte ich vor allem die begeisternd Vorlesungen S. Excellenz des Wirklichen Geheimen Rats Ku Fischer über die Geschichte der alten und neueren Philosophi über Logik und Metaphysik, sowie über Lessing, Schiller u Goethe. Daneben besuchte ich die Vorlesungen der Herren Pr fessoren W. Braune, F. v. Duhn, M. v. Waldberg. Diesen mein hochverehrten Lehrern, vor allem aber S. Exc. d. W. Geh. R Fischer gestatte ich mir, für die vielseitige Belehrung und Ai regung meinen tiefgefühltesten Dank auszusprechen.